会计做账流程

会计业务发生

- 客户信息
- 合同签订
- 出入库单
- 发票
- ……

→ **账务处理**

出纳
- 收付款单据
- 票据的填充
- 票据的保管

→

记账会计
- 期初建账
- 原始单据整理
- 原始单据审核
↓
- 记账凭证填制

档案管理 — 装订凭证 — 保管凭证 — 保…

细分流程

核算流程示意图

原始凭证
- 收款凭证
- 付款凭证
- 转账凭证

- 库存现金日记账
- 银行存款日记账

- 明细账
- 总账
- 会计报表

现金日常报销业务流程图

- 差旅费报销
- 填写差旅报销单
- 相关领导签字
- 出纳付款签字并盖付讫章
- 登记现金日记账
- 报销凭证给会计

现金付款
- 日常…
- 现金…并盖…
- 登记…日…
- 报销…给会计

- 现金管理的原则、规定 ← ① 现金管理理论知识
- 现金的来源、现金收入业务的处理程序 ← ② 现金收入的管理
- 备用金制度、现金支出的业务处理流程 ← ③ 现金支出的管理
- 日常现金的清查 ┐
- 不定期现金的清查 ┤ 现金的清查
- 现金的保管 ┐ 保管 ← ④ 现金的清查与保管
- 有价证券的保管 ┘

第4章 现金结算业务

- 基本存款账户
- 一般存款账户
- 专用存款账户 ← ① 银行结算账户的分类
- 临时存款账户
- 银行结算账户的开立、变更和撤销

- 银行卡概念和分类、银行卡的账户和交易 ← ② 银行卡业务

- 企业网银概述
- 开通企业网银
- 企业网银登录 ← ③ 企业网银业务
- 账户信息查询
- 网银收/付款业务

- 类和适用范围；支票的业务处理程序 ← ④ 支票结算业务

- ⑤ 银行本票结算业务

第5章 银行结算业务

- ⑥ 银行汇票结算业务
- ⑦ 商业汇票结算业
- ⑧ 汇兑结算业务
- ⑨ 委托收付款结算业务
- ⑩ 托收承付结算业务
- ⑪ 银行存款的清查

第6章 出纳岗位日常业务实训

扫我了解更多学习资讯

审核会计
记账凭证审核
↓
明细分类账
总分类账

总账会计
管理报表
财务报表
↓
报表分析
财务管控

税务处理
税额的计算
↓
税负的监管
↓
纳税申报表的填制
↓
纳税申报的税务管控

管财务资料 | 保管税务资料

扫我了解更多学习资讯

出纳结算业务流程图

按复核后记账凭证进行结算

现金结算
- 领款人或缴款人在凭单上签字
- 办理付款和收款
- 每日盘点现金库与现金账余额核对相符

支票结算
- 出纳领取并填制支票
- 付支票

银行结算
- 审核过的银行收付款凭证
- 出纳在网银制单
- 审核会计复核
- 财务负责人审核

示意图

业务报销
付款讫章
工资发放
工资条入袋
财务提现
发放工资
现金账
凭证会计

第1章 认识出纳岗位

① 什么是出纳
- 出纳工作
- 出纳核算
- 出纳人员

② 如何设置出纳工作岗位
- 一人一岗
- 一人多岗
- 一岗多人

③ 出纳与会计岗位之间的联系
- 分工不同
- 职责不同

第2章 出纳需要具备的专业技能

- 金额数字书写
- 金额书写要求
- 日期的规范化书写

① 规范化的书写
② 如何鉴别货币
③ 点钞技能
④ 保险柜的使用
⑤ 印章的使用和保管
⑥ 审核会计凭证
⑦ 其他技能

- 会计凭证的整理和装订
- 出纳会计档案的保管

第3章 出纳建账

① 建账入门
② 账簿的分类与设置
- 现金日记账
- 银行存款日记账
③ 日记账的设置
④ 账簿的登记
⑤ 会计凭证、账簿的整理装订和保管
⑥ 出纳工作交接
- 交接要求
- 交接内容
- 交接程序

- 现金收入的内部控制
- 现金支出内部控制
- 支票的概念、种类

零基础学出

想快速成为会计高手吗！

★ 随书赠送超值大礼包 ★

免费职业规划
名师指导，助您快速了解会计从业前景和方向，让零基础学员告别迷茫

海量会计网课
直播+录播不断更新，并赠送课程讲义，让您边看边学

老会计免费答疑
老会计在线答疑，帮助学员解决在学习中遇到的难题

出纳实训系统
网银系统+实训系统两者结合，让您快速进入并了解出纳工作

会计实训系统
涵盖多个行业，100%真账实操在线演练，让您迅速了解做账

税务实训系统
100%报税实操在线演练，让报税不再成为难事

实操大礼包 等你免费领取

扫码领取

① 关注微信公众号
② 回复关键字,如"福利"
③ 根据提示获取福利

ABOUT US
会计教练教研中心简介

> 会计教练教研中心于2016年7月成立，一直从事会计实操及考证类的培训研究工作。该中心由上百位各行业从事一线财税工作的优秀专家组成，包括会计师事务所的高级项目经理、集团企业的财务负责人、金融企业理财师、农牧生产企业财税专家、高校的优秀教师等。成立至今，会计教练教研中心已开发八十多类行业真账实操、报税实操，现有一千多个实操课程。专家们总结十余年的从业经验、考证考点经验，结合学员深度学习的需求，编纂了会计实操、考证考点类辅导教材几十种，以此助你快速成为财税翘楚。

会计教练系列教材 7 大特色

专业
把难懂的专业知识以通俗易懂的案例、图表及情景的方式展现

易学
一看就懂、一学就会，通过精选案例，轻松掌握实战技巧

课程
教材配套的视频讲解紧贴实际，通俗易懂

后续服务
扫码咨询，更多惊喜等着你！

观感
教材采用彩色印刷，图文并茂，轻松理解重点、难点

学习方式
教材内容精炼，书籍携带方便，课程网上播放，随时随地，想学就学

师资力量
拥有上百位经验丰富的优秀师资，书籍和课程都是由多年实操及授课经验的老师负责编纂、讲解

新手必备"实战宝典"

出纳就是这么简单

零基础学出纳

图解＋视频

- 基础知识展示
- 经典案例模拟
- 情景图文再现
- 真实业务操作

■ 会计教练教研中心 编

西北大学出版社

·西安·

图书在版编目(CIP)数据

零基础学出纳/会计教练教研中心编. —西安：西北大学出版社,2020.10
ISBN 978-7-5604-4533-5

Ⅰ.①零… Ⅱ.①会… Ⅲ.①出纳—基本知识 Ⅳ.①F233

中国版本图书馆 CIP 数据核字(2020)第 086147 号

零基础学出纳

编　　者	会计教练教研中心
出版发行	西北大学出版社有限责任公司
地　　址	西安市太白北路 229 号
邮　　编	710069
电　　话	029-88303042
经　　销	全国新华书店
印　　刷	西安华新彩印有限责任公司
开　　本	889 mm×1194 mm　1/16
印　　张	11.75
字　　数	237 千字
版　　次	2020 年 10 月第 1 版　2022 年 2 月第 5 次印刷
书　　号	ISBN 978-7-5604-4533-5
定　　价	59.80 元

如有印装质量问题，请与本社联系调换，电话 029-88302966。

前 言
QIANYAN

现如今，终身学习、跨界发展被越来越多的人接受，一些技术性强、发展前景好的职业，往往会成为人们终身学习、跨界发展时的热门选择，而会计恰恰就是这种职业。

对于刚刚入职或改行做会计的新人来说，特别需要一套起点低、能够指导其轻松入门的系列教材。"零基础系列丛书"正是多年从事会计培训的专家们为满足这类需求而编写的。本系列丛书共三册：《零基础学会计》《零基础学出纳》《零基础学税务》，内容包括会计、出纳、税务的基础知识，以及真实案例讲解、实操性案例分析，把所涉及的知识点进行精编汇总，并将必须掌握的知识点用下划线标记出来，有效节省读者时间，提高学习效率。同时，针对重点知识还配套了名家视频讲解，扫码即可听课。

出纳工作是整个会计核算工作的基础，出纳人员担负着现金、票据和有价证券的保管职责，并办理各种款项的收付和银行结算业务。因此，出纳工作的好坏，直接关系到整个企业会计核算的质量和效率。

面对烦琐的出纳业务，如何快速掌握不同类型的票据办理、大笔资金的收付、各式的报销业务以及数字支付的结算业务呢？本书解决了这一问题。初为出纳零基础的你也许会感到晕头转向、无处下手，通过本书的学习会让你尽快了解业务、掌握出纳工作技能，在短时间内胜任这一重要岗位。本书依据财政部最新颁布的《企业会计准则》及相关法律法规，并结合财务管理工作实际编制而成。书中采用图文并茂的方式诠释了出纳岗位所涉及的工作内容，并配备了大量的样票与案例，增强了本书的可读性、实操性、趣味性，力求以最短的时间让新手掌握出纳岗位的核心工作要领，快速提升其专业技能，轻松驾驭出纳岗位。

本书编写时编写团队力求做到精益求精，但由于会计制度、会计准则、税务政策等会随时调整，书中难免有疏漏或不足之处，敬请广大读者批评指正，并将建议及时反馈给我们，以便我们不断完善。联系邮箱为：tianhuabook@qq.com。

天华教育会计实操研发中心

目 录 CONTENS

第一章　认识出纳岗位　/ 1

第一节　什么是出纳　/ 1
第二节　如何设置出纳工作岗位　/ 7
第三节　出纳与会计岗位之间的联系　/ 8

第二章　出纳需要具备的专业技能　/ 11

第一节　规范化的书写　/ 11
第二节　如何鉴别货币　/ 13
第三节　点钞技能　/ 17
第四节　保险柜的使用　/ 19
第五节　印章的使用和保管　/ 21
第六节　审核会计凭证　/ 26
第七节　其他技能　/ 30

第三章　出纳账簿　/ 33

第一节　出纳账簿的分类　/ 33
第二节　日记账的设置　/ 33
第三节　账簿的登记　/ 36
第四节　会计凭证、账簿的整理装订和保管　/ 42
第五节　出纳工作交接　/ 44

第四章　现金结算业务　/ 46

第一节　现金管理理论知识　/ 48
第二节　现金收入的管理　/ 51

第三节　现金支出的管理　/ 56

第四节　现金的清查与保管　/ 64

第五章　银行结算业务　/ 67

第一节　银行结算账户的分类　/ 67

第二节　银行卡业务　/ 78

第三节　企业网银业务　/ 82

第四节　支票结算业务　/ 92

第五节　银行本票结算业务　/ 101

第六节　银行汇票结算业务　/ 105

第七节　商业汇票结算业务　/ 111

第八节　汇兑结算业务　/ 128

第九节　委托收付款结算业务　/ 132

第十节　托收承付结算业务　/ 134

第十一节　其他方式结算业务　/ 135

第十二节　银行存款的清查　/ 153

第六章　出纳岗位日常业务实训　/ 155

参考文献　/178

第一章 认识出纳岗位

第一节 什么是出纳

一 出纳的定义

出纳是指按照有关规定和制度,办理本单位的现金收付、银行结算及有关账务,保管库存现金、有价证券、财务印章及有关票据等工作的总称。

从广义上讲,只要涉及票据、货币资金和有价证券的收付、保管、核算,都属于出纳的工作范畴。从狭义的内容方面看,出纳应包含三层意思:

（1）出纳工作,即按照有关规定和制度,对本单位现金的收付及保管、银行结算、有价证券的整理和保管、有关票据的整理和保管以及财务印章的保管等工作。

（2）出纳核算,即对出纳工作进行的计量、记录及账务处理等业务活动。

（3）出纳人员,即担任出纳核算,从事出纳工作的会计人员,这是狭义上的出纳人员。从广义上讲,出纳人员不仅仅包括会计部门的出纳工作人员,还包括单位业务部门的各类收款员。本书主要讲的是狭义的出纳人员,即各单位会计部门专设的出纳人员。

案例拓展一：出纳岗位的场景故事，如图1-1所示。

图1-1 出纳岗位的场景故事

二 出纳的职责

根据《中华人民共和国会计法》(以下简称《会计法》)《会计基础工作规范》等要求，出纳人员应履行以下职责。

(一)办理资金收付结算业务

这是指按照国家有关现金管理和银行结算制度的规定，办理现金收付和银行结算业务。出纳员应严格遵守现金开支范围，非现金结算范围不得用现金收付；遵守库存限额，超限额的现金按规定及时送存银行；及时核对银行存款日记账与银行对账单，如有不符，应立即通知银行调整。

(二)审核原始凭证，登记日记账

这是指根据会计制度的规定，在办理现金和银行存款收付业务时，要严格核对有关原始凭证，再据此编制收付款凭证，然后根据所编制的收付款凭证按时间先后顺序逐日逐笔地登记现金日记账和银行存款日记账，并结出余额。

(三)实时掌握资金动态

这是指应掌握银行存款余额，不准签发空头支票，不准出租、出借银行账户为其他单位办理经济结算。

(四)保管现金及有价证券

这是指应保管库存现金和各种有价证券(如国务券、债券等)的安全与完整。要建立适合本单位情况的现金和有价证券保管责任机制,如发生短缺,属于出纳员责任的要进行赔偿。

(五)保管财务印鉴

这是指保管有关印章、空白收据和空白支票。印章、空白票据的安全保管十分重要,出纳员必须高度重视,建立严格的管理办法。通常,单位财务公章和出纳名章要实行分管,交由出纳员保管的出纳印章要严格规定使用用途,各种票据均要办理领用和注销。

三 出纳的任职资格及工作权限

做好出纳工作并不是一件容易的事,它要求出纳员要熟悉掌握相关的财税政策,具备熟练高超的业务技能,严谨细致的工作作风。

(一)基本资格要求

出纳的基本资格要求主要包括以下方面:

(1)会计、财经等相关专业中专以上学历。

(2)了解国家财经政策和会计、税收法规,熟悉银行结算业务。

(3)熟练使用各种财务工具和办公软件,电脑操作娴熟,有较强的责任心,有良好的职业操守,作风严谨。

(4)善于处理流程性事务,具有良好的学习能力、独立的工作能力和财务分析能力。

(5)工作细致,责任感强,具有良好的沟通能力、团队精神。

(二)基本素质要求

出纳的基本素质要求主要包括职业道德、政策水平、业务技能、安全意识四个方面。

1. 职业道德

(1)爱岗敬业。爱岗敬业是会计职业道德的基础。出纳应该热爱本职工作,要有耐心细致的工作态度,全身心投入会计事业,努力钻研业务,勤练多问,勤学多思,增长自身知识、提高工作技能更好地胜任出纳工作。

(2)廉洁自律。廉洁自律是会计职业道德的前提。出纳每天的工作对象就是货币资金,与其他会计人员相比具有其特殊性。因此,出纳必须具有良好的职业道德,树立正确的人生观和价值观,遵纪守法、清正廉洁、公私分明、不贪不占。

(3)客观公正。出纳在工作过程中,必须遵守法律、法规及各种纪律,依法办公,秉持客观公正的态度,从而保证提供的会计信息合法、真实、准确、及时。同时,在自己的工作权限内,坚持原则,正确处理国家、企业和个人的利益关系,自觉抵制各种不正之风,保护企业合法权益不受侵犯。

(4)强化服务。出纳要树立服务意识,在处理各种业务时,出纳应尽量做到尊重、主动、热情、耐心、周到。

(5)保守秘密。出纳应当保守本单位的商业秘密,除法律规定和单位同意外,出纳不得私自向外界提供或泄露本单位的会计信息。

2. 政策水平

出纳工作的特点之一就是应具有很强的政策性。所以,出纳要做好本职工作,必须了解、熟悉和掌握国家有关会计、财税、金融法规和各项会计制度。出纳每天处理大量的税金、票据并进行收付结算,哪些结算方式不宜采用,哪些票据不能报销,哪笔金额不能支付等,都必须以相关的法律制度为依据。因此,作为一名出纳,要做好出纳工作,必须加强学习,了解、熟悉、掌握现行的政策法规和各种会计制度,不断提高自己的政策水平,遵守财经纪律,遵守财务制度,明白哪些该干,哪些不该干,哪些该抵制,不犯错误,为企业把关守口。

3. 业务技能

出纳工作每天涉及大量的费用报销、票据签发和现金收付等事项,这就需要出纳具有较强的业务处理能力、较快的计算速度和较高的准确性。所以出纳除了具备良好的职业道德和较强的政策水平外,还必须具备一定的专业技能,如中文、日期和数字的正确书写;算盘、计算器、点钞机、电脑的熟练操作;签发票据、办理结算、报销费用等技巧的熟练掌握。

4. 安全意识

现金、有价证券、票据、各种印鉴,既要有内部的保管分工,各司其职并相互牵制,也要有对外的安保措施,从办公用房的建造、门、屉、柜的锁具配置,到保险柜密码的管理,都要符合安保的要求。出纳既要密切配合安保部门的工作,也要增强自身的保安意识,学习安保知识,将保护分管的公共财产物资的安全完整作为首要任务来完成。

(三)出纳的权限

出纳的权限主要包括以下方面。

1. 维护财经纪律,执行财会制度,抵制不合法的收支和弄虚作假行为

我国《会计法》对会计人员如何维护财经纪律提出具体要求。各单位的会计机构、会计人员对本单位实行会计监督。会计机构、会计人员对不真实、不合法的原始凭证,不予受理,要求更正、补充。会计机构、会计人员发现账簿记录与实物、款项不符时,应当按照有关规定进行处理;无权自行处理的,应立即向单位领导报告,请求查明原因,做出处理。

对于违法的收支以及严重损害国家和社会公众利益的收支,应当制止和纠正。

2. 参与货币资金计划定额管理的权利

出纳每天都和货币资金打交道,在平时开展工作中必须严格遵守《现金管理暂行条例及实施细则》和《支付结算办法》。这些规定的执行,实际上就是赋予了出纳员对货币资金管理的职权。

3. 管好、用好货币资金的权利

因出纳熟知单位货币资金的来龙去脉及周转速度的快慢,所以,可以通过掌握的资金动态为单位提出合理利用资金的意见与建议,及时提供货币资金的使用和周转信息,

这也是出纳的责任。

 案例拓展二：出纳日常职责的场景故事，如图1-2所示。

图1-2 出纳的职责

（四）出纳任职实行的回避制度

回避制度是指为了保证执法或者执业的公正性，对于由于某种原因可能影响其公正执法或执业的人员实行任职回避和业务回避的一种制度。

《会计基础工作规范》规定："国家机关、国有企业、事业单位任用会计人员应当实行回避制度。单位领导人的直系亲属不得担任本单位的会计机构负责人、会计主管人员。会计机构负责人、会计主管人员的直系亲属不得在本单位会计机构中担任出纳工作。"需要回避的亲属关系包括夫妻关系、直系血亲关系、三代以内旁系血亲以及近姻亲关系。

四 出纳工作的内容

出纳岗位主要涉及企业货币资金核算、往来结算、工资结算三方面的内容。

（一）货币资金核算

出纳岗位涉及的货币资金核算内容主要包括：①办理现金收付，严格按规定收付款项。②办理银行结算，规范使用支票，严格控制签发空白支票。③登记日记账，保证日清月结。根据已经办理完毕的收付款凭证，逐笔登记现金日记账和银行存款日记账，并结出余额。④保证库存现金和有价证券。对于现金和各种有价证券，要确保其安全和完整无缺。⑤保管有关印章,登记注销支票。

(二) 往来结算

出纳岗位涉及的往来核算内容主要包括:①办理往来结算,建立清算制度。②核算其他往来款项,防止坏账损失。

(三) 工资结算

出纳岗位涉及的工资结算主要包括:①执行工资计划,监督工资使用。②审核工资单据,发放工资奖金。③负责工资核算,提供工资数据。按照工资总额的组成和工资的领取对象,进行明细核算。根据管理部门的要求,编制有关工资总额报表。

五 出纳工作的特点

出纳岗位作为一个专门的岗位,既具有会计工作的一般属性,同时也具有其专门的工作特点。

(一) 社会性

出纳工作担负着一个单位货币资金的收付、存取任务,而这些任务的完成是置身于整个社会经济活动的大环境之中的,是和整个社会的经济运转相联系的。只要这个单位发生经济活动,就必然要求出纳与之发生经济关系。例如,出纳要了解国家有关财会政策法规并参加这方面的学习和培训,出纳人员要经常跑银行等。因此,出纳工作具有广泛的社会性。

(二) 专业性

出纳工作作为会计工作的一个重要岗位,有着专门的操作技术和工作规则。凭证如何填、日记账怎样登记都很有学问,就连保险柜的使用与管理也是很讲究的。因此,要做好出纳工作,一方面要求出纳员经过一定的职业教育,另一方面也需要在实践工作中不断积累经验,掌握工作要领,熟练使用现代化办公工具。

(三) 政策性

出纳工作是一项政策性很强的工作,其工作的每一环节都必须依照国家规定进行。例如,办理现金收付要按照国家现金管理规定进行,办理银行结算业务要根据国家银行结算办法进行。《会计法》《会计基础工作规范》等都把出纳工作并入会计工作中,并对出纳工作提出具体规定和要求。出纳不掌握这些政策法规,就做不好出纳工作;不按这些政策法规办事,就违反了财政纪律。

(四) 时间性

出纳工作具有很强的时间性,何时发放职工工资,何时核对银行对账单等,都有严格的时间要求,一天都不能延误。因此,出纳心里应有个时间表,及时办理各项工作,保证出纳工作质量。

第二节　如何设置出纳工作岗位

一　出纳岗位的设置

出纳岗位是会计机构内部设立的专门负责处理出纳业务的专职岗位。《会计法》第三十六条规定:"各单位应当根据会计业务的需要,设置会计机构或者在有关机构中设置会计人员并指定会计主管人员;不具备设置条件的,应当委托经批准设立从事会计代理业务的中介机构代理记账。"会计法对各单位会计、出纳岗位与人员的设置没有做出规定,只是要求各单位根据业务需要来设定。

各单位可根据单位规模大小和货币资金管理的要求,结合出纳工作的繁简程度来设置出纳岗位。以工业企业为例,大型企业可在财务处下设出纳科,中型企业可在财务科下设出纳室,小型企业可在财务部下配备专职出纳员。有些总公司,为了资金的有效管理和总体利用效益,把若干分公司的出纳业务(或部分出纳业务)集中起来办理,成立专门的内部"结算中心",这种"结算中心",实际上也是出纳岗位。

1.2 如何设置出纳工作岗位（回复cn0102获取课程解析）

二　出纳岗位人员的配备

每一个拥有独立资金的企业单位都必须设置出纳岗位。一般来讲,实行独立核算的企业单位,在银行开户的行政、事业单位,有经常性现金收入和支出业务的企业、行政事业单位都应配备专职或兼职出纳人员,担任本企业的出纳工作。出纳人员的配备可根据单位实际需要,一般可采用一人一岗、一人多岗、一岗多人等几种形式,如表1-1所示。

表1-1　企业出纳岗位形式

岗位形式	职责划分	适用企业
一人一岗	一个人担当出纳职务(专职出纳)	适用规模不大、出纳工作量少的企业单位
一人多岗	一个人担任出纳职务并同时兼职其他职务,如行政单位、后勤部门人员,但出纳人员一定不得兼任稽核、会计档案保管和收入、支出、费用、债权债务账目登记工作(兼职出纳)	适合规模小、出纳工作业务量小的企业单位
一岗多人	一个出纳岗位上对出纳人员的工作进行明确分工,如现金出纳、银行结算出纳。实行出纳部门岗位责任制,使得每一项出纳工作都有专人负责,让两个或两个以上的人分别管理出纳业务,明确出纳人员的职责	适合规模较大、出纳工作量较多的企业单位

案例拓展三：

北京惠民商贸有限公司2005年成立，刚成立时，是一家小规模纳税人企业，主要从事助听器销售，业务也在拓展中，平时发生的各项经济业务量相对较少，公司人员只有10个人，财务室只有主管会计和出纳李妍两人，出纳李妍除了负责财务部分现金、银行存款的管理，各类印章的管理，日记账的登记以外，还负责公司部分内勤事务，如拟写合同、收发快件、联系客户。公司为了开源节流，实行一人多岗制。

随着公司的发展，公司业务高效拓展，经济业务量增多，公司内部岗位随之增多，出纳小李就开始专门负责财务相关事宜，如货币资金的管理、各项业务的核算等。此时，公司实行一人一岗制。

截止到2019年，北京惠民商贸有限公司经营范围开始扩大，不仅销售助听器并开始从事助听器的生产，也从小规模纳税人转为一般纳税人企业。财务部门相关工作日益繁重，特别是对于本就工作繁忙的出纳岗位，因此公司新增3名出纳人员，分别负责管理公司现金、银行存款、票据、有价证券的管理。明确了各个出纳人员的职责，也提高了出纳岗位的工作效率。此时，公司实行的是一岗多人制。

1.3 出纳与会计岗位之间的联系（回复cn0103获取课程解析）

第三节 出纳与会计岗位之间的联系

出纳与会计同属企业会计部门，出纳既是会计的助手，同时又和会计相互监督，以确保会计部门工作的效率及质量。

一 职责不同

根据"钱账分管"原则，出纳主要负责货币资金的收付、现金的保管、原始凭证的审核等业务，同时出纳只能登记现金日记账以及银行存款日记账。而会计是以货币作为主要计量单位，采用专门方法，对经济活动进行连续、系统、全面、综合的核算和监督，并在此基础上进行分析、预测和控制的一种管理活动。出纳工作是会计工作的一部分，两者既互相依赖又互相牵制，出纳工作不仅是一个单位对外的服务窗口，而且也是会计工作不可缺少的部分，它是经济工作的第一线，因此，做好出纳工作对规范整个会计制度具有极其重要的现实意义。

二 分工不同

(一) 各有各的分工

总账会计、明细账会计和出纳，在财务管理工作中各有各的分工。总账会计负责企业经济业务的总括核算，为企业经济管理和经营决策提供全面的核算资料；明细分类账会计分管企业的明细账，为企业经济管理和经营决策提供明细分类核算资料；出纳则分管企业票据、货币资金以及有价证券等的收付、保管、核算工作，为企业经济管理和经营决策提供各种金融信息。总体上讲，必须实行钱账分管，出纳不得兼管稽核和会计档案保管，不得负责收入、费用、债权债务等账目的登记工作。总账会计和明细账会计则不得管钱管物。

(二) 互相依赖又互相牵制

在财务管理工作中会计和出纳之间有着密切的联系，既互相依赖又互相牵制。出纳与明细分类账会计、总账会计之间，有着很强的依赖性。它们核算的依据是相同的，都是会计原始凭证和会计记账凭证。这些作为记账凭据的会计凭证必须在出纳、明细账会计、总账会计之间按照一定的顺序传递；它们相互利用对方的核算资料；它们共同完成会计任务，不可或缺。同时，它们之间又互相牵制与控制。出纳的现金和银行存款日记账与总账会计的现金和银行存款总分类账，总分类账与其所属的明细分类账，明细账中的有价证券账与出纳账中相应的有价证券账，有金额上的等量关系。这样，出纳、明细账会计、总账会计三者之间就构成了相互牵制的关系，三者之间必须相互核对保持一致。

(三) 出纳核算是特殊的明细核算

出纳核算也是一种特殊的明细核算。出纳核算要求分别按照现金和银行存款设置日记账，银行存款还要按照存入的不同户头分别设置日记账，逐笔序时地进行明细核算。"现金日记账"要每天结出余额，并与库存数进行核对。"银行存款日记账"也要每天结出余额，与开户银行进行核对。月末都必须按规定进行结账。月内还要多次出具报告单，核算报告结果，并与现金和银行存款总分类账进行核对。

(四) 出纳工作是一种账实兼管的工作

财务管理工作中，出纳工作是一种账实兼管的工作。出纳工作主要是现金、银行存款和各种有价证券的收支与结存核算，以及现金、有价证券的保管和银行存款账户的管理工作。现金和有价证券放在出纳的保险柜中保管，银行存款由出纳办理收支结算手续。既要进行出纳账务处理，又要进行现金、有价证券等实物的保管和银行存款收付业务的管理。在这一点上和其他财会工作有着显著的区别。除了出纳，其他财会人员是管账不管钱，管账不管物的。对出纳工作的这种分工，并不违背财务"钱账分管"的原则，由于出纳账是一种特殊的明细账，总账会计还要设置"现金""银行存款""长期投资"等相应的总分类账对出纳保管和核算的现金、银行存款、有价证券等进行总金额的控制。其中,有价证券还应有出纳核算以外的其他形式的明细分类核算。

(五)出纳工作直接参与经济活动过程

出纳工作直接参与经济活动过程中货物的购销,必须经过两个过程,货物移交和货款的结算。其中货款结算,即货物价款的收入与支付就必须通过出纳工作来完成。往来款项的收付,各种有价证券的经营以及其他金融业务的办理,更是离不开出纳人员的参与。这也是出纳工作的一个显著特点,其他财务工作,一般不直接参与经济活动过程,而只对其进行反映和监督。

案例拓展四:出纳工作与会计工作关系的场景故事,如图1-3所示。

图1-3 出纳与会计岗位的关系

第二章 出纳需要具备的专业技能

2.1 规范化的书写要求（回复cn0201获取课程解析）

第一节 规范化的书写

财务工作要求出纳既要全面了解相关政策，又要有醇熟的业务技能，严谨细致的工作作风，尤其是准确、清晰的书写技巧。账、证、表的文字与数字的书写是出纳的重要基本功。凭证的处理、账簿的登记、报表的编制都需要用规范的文字和数字加以表达，应当做到使书写的文字和数字正确、清晰、流利、匀称。虽然现在大多数出纳岗位可通过财务软件进行记账不需要人工书写，但是面对银行结算业务处理、证明材料出具等业务时，仍然需要出纳手工记账。同时一张书写工整、填写齐全、摘要精准的票据也能从侧面反映出一名出纳的工作能力。

一 金额数字书写

（一）小写数字

小写数字有：0、1、2、3、4、5、6、7、8、9。

（二）中文大写数字

中文大写金额数字应用正楷或行书填写，大写金额数字有零、壹、贰、叁、肆、伍、陆、柒、捌、玖、拾、佰、仟、万、亿、元、角、分、整（正）等。不得自造简化字，不得使用一、二（两）、三、四、五、六、七、八、九、十、廿、毛、另（或 O）填写。填写大写金额时，使用繁体字，如貳、陸、萬、圓，也是正确的。

二 金额书写要求

（一）小写规范

阿拉伯数字金额前，均应填写人民币符号"￥"，阿拉伯数字不得连写。工作中银行拒绝受理的支票，很多都是因为书写不规范。

（二）大写规范

1."人民币"字样

中文大写金额前应标有"人民币"字样。大写金额应紧接"人民币"填写，不得留有空白。未印有"人民币"的，应加填"人民币"。

2.金额到"元位"

中文大写金额到"元"以上的，必须在"元"之后写"整"或"正"，如"￥2333.00"应写为"人民币贰仟叁佰叁拾叁元整"。

3.金额到"角"位

写金额到"角"的，可在"角"之后写"整"或"正"，也可不写。例如，"￥2333.30"可写为"人民币贰仟叁佰叁拾叁元叁角整"或"人民币贰仟叁佰叁拾叁元叁角"。

4.金额到"分"位

写金额到"分"的，"分"后面不写"整"，如"￥2333.33"应写成"人民币贰仟叁佰叁拾叁元叁角叁分"。

5."0"的书写规范

金额数字中间有"0"时，中文大写应按照汉语语言规律、金额数字构成和防止涂改的要求进行书写。具体包括：

（1）金额数字中间有一个"0"时，中文大写金额要写"零"字。例如，"￥2508.00"，大写应写成"人民币贰仟伍佰零捌元整"。

（2）金额数字中间连续有几个"0"时，中文大写金额中间只写一个"零"字。例如，"￥12005.15"，大写应写成"人民币壹万贰仟零伍元壹角伍分"。

（3）金额数字万位或个位为"0"，但对应的千位或角位不为"0"时，中文大写金额可以只写一个"零"字，也可以不写。例如，"￥104000.00"大写可以写成"人民币壹拾万肆仟元整"或"人民币壹拾万零肆仟元整"。

（4）金额数字角位为"0"，而分位不为"0"时，中文大写金额"元"后面必须写"零"字。例如，"￥1508.02"大写应写成"人民币壹仟伍佰零捌元零贰分"。

三 日期的规范化书写

很多银行单据的填写不仅要求金额大写，日期也要求大写，因此中文日期数字的大写也是出纳必须掌握的一项基本技能。

(一)年的书写

年份直接根据中文日期数字填写,如2019年应写成"贰零壹玖年"。

(二)月的书写

月份为3~9月的,根据中文日期数字填写不加零;月份为1,2,10的,必须在大写前加"零",如10月应写成"零壹拾月";月份为11,12的,必须在大写前面加"壹",如11月应写成"壹拾壹月"。

(三)日的书写

日为1~9和10,20,30的,必须在前面加"零",如8日应写成"零捌日";日为11~19的,必须在前面加"壹",如11日应写成"壹拾壹日"。

案例拓展五:关于支票填写要求的场景故事如图2-1所示。

图2-1 支票的填写

第二节 如何鉴别货币

2.2 如何鉴别货币(回复 cn0202 获取课程解析)

随着数字货币逐渐普及,其突出的便捷性使得纸币的流通日益缩减,但这并不意味着纸币就会完全消失,所以出纳必须要练就火眼金睛的本领,熟练掌握识别人民币真伪的技能。

一 了解人民币

中国人民银行是我国唯一一个有人民币发行权力的机构,钞票用纸是一种特制的纸张。为了方便进行人民币真伪的鉴别,它的设计和材质都是以此为前提采用的具有独特特征的材质,这可以为公众辨别人民币提供便利和依据。

(一)人民币的特征

人民币的印刷具有一定的独特性,分别从材质、油墨、设计与印刷技术等方面体现了它的特征,具体介绍如下。

(1)专用钞票用纸:人民币的材质采用专用的钞票用纸,它质地良好、无荧光反应、有防伪安全线及有特制水印,不易仿造。

(2)防伪油墨:人民币上的所有数字、图案均采用专业的防伪油墨,分为平、凹凸印,有油墨、荧光油墨和磁性油墨三种。

(3)民族特色的设计:人民币票面采用民族特色图案衬托主景,花符对称,正背面对应,阴阳光线分明,使伪造者难以仿造。

(4)先进的印刷技术:人民币的印刷制版,采用了先进的机器雕刻与手工雕刻结合的技术。人民币印刷采用多色接线技术;票面底纹运用了彩虹印刷技术;人民币的正背面采用对印技术。

(二)人民币的发展

中国人民银行成立至今共发行了五套人民币,有纸币也有金属币,每套人民币的设计都分别体现了当时的社会发展情况和民族特色。目前,我国正在流通的是第五套人民币,第一套、第二套、第三套和第四套人民币已在市场上停止流通。第五套人民币共八种面额:100元、50元、20元、10元、5元、1元、5角和1角;分别有1999年版、2015年版、2019年版别。

二 了解外币

外币,即外国货币,是对除了本国货币之外的所有其他国家货币的总称;也是在一个官方的货币区域内所使用的官方货币之外的其他货币,或是收款人提出的用除官方区域外的货币进行支付款项的要求。除了人民币之外,外资企业的日常经营还涉及外币的使用,企业的国际贸易和国外投资需要使用外币进行对外结算。

三 真假货币识别技巧

钞票的真伪主要通过仪器来鉴别。目前常用的鉴别仪器主要有紫光灯、磁性仪和放大镜。通过紫光灯看钞票是否有荧光反应,用磁性仪来测定钞票是否有磁性。结合人民币的特征,用放大镜仔细核对进行识别。

现以 2015 版 100 元人民币(第五套人民币 100 元)为例,辨别人民币真假方法有如下几种(票面辨识区展示如图 2-2、图 2-3 所示)。

图 2-2　第五套人民币 100 元正面

发行时间:2015年11月12日　　　票面规格:155×77毫米
　　　　　　　　　　　　　　　　正面主景:毛泽东头像
　　　　　　　　　　　　　　　　背面主景:人民大会堂

图 2-3　第五套人民币 100 元反面

(一)光彩光变数字

垂直观察票面,数字"100"以金色为主;平视观察,数字"100"以绿色为主。随着观察角度的改变,数字"100"颜色在金色和绿色之间交替变化,并可见到一条亮光带在数字上上下滚动,如图 2-4 所示。

(二)光变镂空开窗安全线

当观察角度由直视变为斜视时,安全线颜色由红色变为绿色;透光观察时,可见安全线中正反交替排列的镂空文字"￥100",如图 2-5 所示。

(三)水印图案

透光观察,可见层次丰富、清晰的毛泽东头像水印,如图 2-6 所示。

图 2-4　光彩光变数字　　　图 2-5　光变镂空开窗安全线　　　图 2-6　水印图案

(四) 手工雕刻头像

采用凹印技术印刷；用手触摸，具有明显的凹凸感，如图 2-7 所示。

(五) 横竖双号码

采用了横竖双号码，并改变了原有的冠字号码字形，更符合公众识别习惯和机器读取要求，有利于冠字号码的识别与记录，也有利于防范变造货币，如图 2-8 所示。

(六) 胶印对应图案

透光观察，可见正背图案组合成面额数字"100"，如图 2-9 所示。

图 2-7　手工雕刻头像　　　图 2-8　横竖双号码　　　图 2-9　胶印对应图案

四　假币的处理方法

出纳在收到疑似假币的情况下，不得随意加盖假币戳记和没收，而应向持币人说明情况，开具载明面值和号码的临时收据，连同可疑币及时报送有假币鉴定权的金融机构进行鉴定。

出纳进行假币鉴定，可以自收缴之日起三个工作日内，持"假币收缴凭证"直接或通过收缴单位向中国人民银行当地分支机构或中国人民银行授权的当地鉴定机构提出书面鉴定申请。中国人民银行分支机构和中国人民银行授权的鉴定机构应无偿提供鉴定货币真伪的服务，鉴定后，应出具中国人民银行统一印制的"货币真伪鉴定书"，并加盖鉴定专用章和鉴定人名章。

出纳收到并确定其为假币后，应上缴中国人民银行或办理人民币存取款业务的金融机构,并配合安全机构追查来源,切不可让假币继续流通。

案例拓展六:关于真假货币如何识别的场景故事,如图2-10所示。

图2-10 鉴别真假货币

第三节 点钞技能

出纳最经常的工作就是现金的收支和清点。现金清点的快慢及准确率,直接影响到出纳的工作效率。因此,点钞技术也是出纳必须掌握的一项基本功。出纳在整理票币时,不仅要做到点数准确无误,同时还必须对破损币、假币、编造币等进行挑拣和处理。

点钞是出纳必备的技能,必须做到准而快。特别是收付现金量很大的特殊行业,对点钞的要求会很高。因此,出纳为提高自己的点钞速度,需要加以强化练习。实务中,纸币的整点有手工点钞和验钞机点钞两种方法。

点钞工作主要分成两步:第一,手工点钞,换币面正反点两遍,以确保金额无误且都为真币;第二,点钞机点钞。公司应配备一台点钞机,以便在手工点钞后再用点钞机点一遍,保证金额无误。

出纳手工点钞后,一般还要将钞券放在点钞机上再次点验,以保证金额无误、无假币。点钞机是一种自动清点钞票数目的机电一体化装置,带有伪钞识别功能。已成为企业不可缺少的设备。在使用点钞机时,工作人员要按照规定的程序操作,准确进行喂钞、按键和取钞。用点钞机点钞一般包括以下操作步骤。

(一)整理钞券

用点钞机点钞前需将钞券整理平整,若纸币褶皱较多或缺角严重,会导致点钞机自动卡币,无法准确点钞。对于没有混点功能的点钞机,还需将钞券进行分类,同一币值的分为一叠,分类进行点钞。

(二)上机点检

整理好钞券后,打开点钞机电源,将整理平整的钞券放入点钞机的验钞口即可,机器会自动开始记数验钞。机器的数显屏会显示已验过的纸币张数。清点过程中若发现假钞,机器就会自动停止,蜂鸣器发出"嘟嘟"的报警信号,或任意工作状态下指示灯亮,并且闪烁,计数显示窗显示"鉴伪方式显示符",则表明有假币存在,取出假钞后按任意键继续点。机器运行时,操作人员要认真进行检查,如发现有假钞、破损或其他异物,或者有绵软、霉烂的钞票时,要立即剔除,然后再继续清点。

(三)二次清点

第一遍点钞机点好的钞券换面放入点钞机再验一遍,以保证准确无误。

需要注意的是点钞机运行时,不得将手或者非纸钞物品放入机内,防止发生人身或者设备事故。随防伪技术的提高,应当及时对点钞机升级或者更换,以防止误检、漏检。

另外,对于出纳人员在清点人民币时,不仅要数目准确而且还要将钞票整理美观。具体环节主要包括拆把持钞、清点、记数、墩齐、扎把、盖章等一个连续完整的过程。因此,出纳人员要想加快点钞速度、提高点钞水平,就必须把各个环节的工作做好。

二 残币的处理方法

出纳在日常的收款中可能会碰到因票面残缺、污损、油浸、变色等破坏后的纸币,这些我们称为残币。出纳应该按照银行对残币的兑换标准准确处理残币,下面介绍残币的兑换标准。

根据《中国人民银行残缺、污损人民币兑换办法》,凡办理人民币存取款业务的金融机构(以下简称"金融机构")无偿为公众兑换残缺、污损人民币,不得拒绝兑换。残缺、污损人民币兑换分"全额""半额"和"不予兑换"三种情况。

(1)能辨别面额,票面剩余四分之三(含四分之三)以上,其图案、文字能按原样连接的残缺、污损的人民币,金融机构应向持有人按原面额全额兑换。

（2）能辨别面额，票面剩余二分之一（含二分之一）至四分之三以下，其图案、文字能按原样连接的残缺、污损人民币，金融机构应向持有人按原面额的一半兑换。纸币呈十字形缺少四分之一的，按原面额的一半兑换。

（3）票面残缺二分之一以上，票面污损、变色、水湿、熏焦不能辨别真假，故意挖补、涂改、剪贴、拼凑、揭去一面的不予兑换，不予兑换的残缺人民币由中国人民银行收回销毁，不得流通使用。

一般残缺、污损，可到就近商业银行营业网点办理兑换；特殊残缺、污损，需到指定兑换网点办理。

案例拓展七：出纳小王收款时收到两张如图2-11这样的纸币，他不知道能不能收？你来帮他看看吧。

图2-11　残币版样

第四节　保险柜的使用

如今由于收付款方式的便捷，各单位使用现金的频率逐步降低，但对于出纳而言，各单位持有除现金以外的有价证券、重要文件、印签也需放置在保险柜里，所以出纳对于保险柜的使用和保护也尤为重要。

一　对保险柜的认识

保险柜是一种特殊容器，根据其功能主要分为防火保险柜、防盗保险柜、防磁保险柜、防火防磁保险柜和防火防盗保险柜等。对于企事业单位所使用的保险柜主要是防盗保险柜。

依据不同的密码工作原理，防盗保险柜又可分为机械保险柜和电子保险柜两种，前者的特点是价格比较便宜，性能比较可靠。早期的保险柜大部分都是机械保险柜。电子保险柜(图2-12)是将电子密码、IC卡等智能控制方式的电子锁应用到保险柜中,其特点是使用方便,特别是在酒店中使用时,需经常更换密码,因此使用电子密码保险柜,就比较方便。所以机械性保险柜已经逐渐退出历史舞台。

图2-12 电子保险柜

二 保险柜的使用

(一)保险柜钥匙的管理

通常保险柜钥匙一般配有两把,出纳保管一把,便于日常开、锁保险柜;财务经理保管一把,以备出纳钥匙丢失或出纳请假期间公司急用保险柜内物品等特殊情况下开启使用。未经财务经理允许,出纳不能随便将保险柜钥匙交由他人。若出纳不慎将保险柜钥匙丢失要及时向财务经理汇报,同时马上换锁,以保证保险柜内财务的安全。

(二)保险柜的开启

出纳输入开启密码时,应当回避他人并用另一只手遮挡;开启保险柜后要及时上锁,不得在保险柜未关好前远离保险柜或者做其他工作。出纳对于自己保管使用的保险柜密码应严格保密,不得向他人泄露,以防被他人利用。出纳人员调动岗位时,新接任的出纳人员应及时更换使用新的密码。

(三)财物的保管

出纳人员应于每日工作结束后,将其使用的空白支票(包括现金支票和转账支票)、款项收据、印章等放入保险柜内。对于在保险柜内存放的现金,应设置和登记现金日记账;对于其他有价证券、存折、票据等,要按种类造册登记;对于贵重物品,则应按种类设置备查簿登记其重量、金额等,所有财物应与账簿记录核对相符。按照规定,保险柜内不得存放任何私人财物。

(四)保险柜的维护

保险柜应放置在隐蔽、干燥之处,注意通风、防潮、防虫和防鼠;保险柜外要经常擦抹干净,保险柜内财物应保持整洁卫生、存放整齐。一旦保险柜发生故障,应到公安机关指定的维修点进行修理,以防止泄密或失盗。

(五)保险柜被盗的处理

出纳人员发现保险柜被盗后应保护好现场,迅速报告公安机关或保卫部门,待公安机关侦查现场时才能清理财物被盗情况。节假日两天以上或出纳员离开两天以上没有派人代其工作的,应在保险柜锁孔处贴上封条,出纳员到位时揭封条。如果发现封条被撕或者锁孔处被弄坏,也要迅速向公安机关或者保卫部门报告,以使公安机关或保卫部门及时查清情况,防止不法分子进一步作案。

案例拓展八:关于保险柜中财物保管的场景故事,如图2-13所示。

图2-13 出纳的安全意识

第五节 印章的使用和保管

2.5 印章的使用和保管(回复cn0205获取课程解析)

印章是公司经营管理活动中行使职权、明确公司各种权利义务关系的重要凭证和工具。印章的管理应做到分散管理、相互制约,以明确使用人与管理人员的责任。出纳岗位涉及办理本单位的现金收付、银行结算及票据结算有关账务时需要用到各种印章,因此对于印章的使用和保管也是一项需要具备的技能。

公司印章主要指公章、法人私章、合同章、财务专用章等各职能部门章。

一 印章的种类和用途

（一）公章

公章上的内容为企业的全称，其审批人为企业法定代表人或者其授权委托人，其使用范围为以企业名义发出的信函、公文、介绍信、证明、劳动合同以及其他公司材料。公章外观及印迹如图2-14、图2-15所示。

图2-14 公章

图2-15 公章章模

（二）法定代表人名章

法定代表人名章内容为法定代表人的姓名，其审批人是法定代表人或者其授权委托人，管理责任人为财务总监，其使用范围为因财务需要开具的各类发票、办理社会保险、办理银行各类业务以及报税时需要法人代表签字的各类报表之中。法定代表个人名章的外观及印迹如图2-16、图2-17所示。

图2-16 法定代表人名章

图2-17 法定代表人名章章模

（三）合同专用章

合同专用章内容是企业名称外加"合同专用章"几个字，其审批人为企业法定代表人或者其授权委托人，其使用范围为企业在各类经济活动中签署的各类合同或者是协议。合同专用章的外观及印迹如图2-18、图2-19所示。

图 2-18 合同专用章

图 2-19 合同专用章章模

(四)财务专用章

财务专用章内容为企业名称外加"财务专用章"字样,其审批人为财务总监或者其授权委托人,责任人为财务总监,具体管理人为会计经理,主要使用范围为会计审核、银行结算、内部财务管理、往来询证函、社保的转移及支出业务等。财务专用章的外观及印迹如图 2-20、图 2-21 所示。

图 2-20 财务专用章

图 2-21 财务专用章章模

(五)发票专用章

发票专用章内容为企业名称外加"发票专用章"字样,审批人为财务总监,具体管理人为涉税管理方面的经理,其使用的范围是企业开具的各类发票,如增值税专用发票等。发票专用章的外观及印迹如图 2-22、图 2-23 所示。

图 2-22 发票专用章

图 2-23 发票专用章章模

出纳岗位涉及办理本单位的现金收付、银行结算及票据结算有关账务时需要用到现金收讫章、现金付讫章、银行付讫章、银行收讫章、过次页章、承前页章等。现金收讫章：专用于收到现金的凭证。现金付讫章：专用于付出现金的凭证。银行收讫章：专用于将收到的相关票据缴存银行后，在收款凭证上盖章。过此页章：专用于账本翻页前的左下角。承前页章：专用于账本翻页后的左上角。

案例拓展九：公司各印章不同用途的场景故事，如图2-24所示。

图2-24　公司印章的使用

二　印章的使用

（一）用印前的准备

用印前，应当准备以下物品：需要用印的印章（注意：要仔细辨认印章的文字，防止用错）、印垫、印泥和对应颜色的印油。

（二）用印的流程

准备需要用印的物件，将印章在印泥上均匀蘸色，找材质相近的纸试盖印章，确认试盖效果后可再次蘸色。确定需要盖印的用印位置提示，如支票、发票、收据、银行往来单据等都有用印位置的提示。正式盖印时，印章接近纸面，使纸面与章面处于基本平行的状态。印面与纸张接触时要轻放,并按住印章,以防止错位移动。待印章在纸面放稳后,一只手固定住印章,另一只手在印章顶部沿周长方向对纸面垂直施力一圈。用印后,不要立刻覆盖任何物品,要压住纸面防止蹭污。最后收存用印物品。

三 印章的保管

俗话说"白纸黑字",企业对于印章的管理首先需要建立一个严格的印章管理制度,将印章管理的归属部门以及各类印章的管理人的职责和适用范围用制度的形式确定下来,才能让管理人或是使用人按照制度来管理印章和使用印章,并以此为依据承担相应的责任。

(一)印章的保管要求

印章的保管要求如表2-1所示。

表2-1 印章的保管要求

保管要求	具体说明
职责分离	按照有关规定,支票印鉴一般应由会计主管人员或指定专人保管,支票和印鉴必须由两个人分别保管。原则上各种财务专用章的保管与现金的保管要求相同,负责保管的人员不得将印章、印鉴随意存放或带出企业。严禁将支票印鉴以及单位主管人员的名章一并交由出纳人员保管和使用,否则会给违法、违纪行为带来可乘之机
预留印鉴的更换	如果需要更换预留印鉴,应填写"印鉴更换申请书",同时出具证明情况的公函,一并交开户银行,经银行同意后,在银行发给的新印鉴卡的背面加盖原预留银行印鉴,在正面加盖新启用的印鉴
预留印鉴的遗失	出纳人员遗失单位印鉴后,应由企业财务主管出具证明,并经开户银行同意后,及时办理更换印鉴的手续
印章、印鉴的销毁	由于单位变动、更名或其他原因停止使用印章、印鉴或其破损无法使用时,应由保管人员报单位领导批准,对其进行封存或销毁,并由行政部办理新章刻制事宜

(二)印章、印鉴的使用注意事项

印章、印鉴的使用注意事项主要有以下六个方面:

(1)携带公章外出必须报部门负责人批准。

(2)不得携带印章、印鉴外出使用。确因工作需要的,携带印章、印鉴外出前,必须报总经理批准。

(3)不得在空白凭证上加盖印章,确因工作需要加盖印章的,必须在空白凭证上注明"仅供(某具体事项)使用"等限制性字样,并报总经理批准。当事人必须完事后交回该凭证的原件或复印件。

（4）印章保管人员不得随意私自使用公章，不得擅自让他人代管、代盖公章。

（5）对非法使用印章者，视情节轻重给予记过、记大过、劝退或开除的处分，并保留追究其法律责任的权利。

（6）需要签发支票付款时，一般先由出纳人员根据支票管理制度的规定填写好票据、盖上出纳人员名章，然后交复核人员审查该付款项目是否列入了开支计划、是否符合开支规定，如无不妥，则加盖其余印鉴正式签发，这样也就真正起到了付款时的复核作用。

案例拓展十：关于银行印鉴章保管的场景故事，如图2-25所示。

图2-25　银行预留印鉴的保管

第六节　审核会计凭证

2.6 会计凭证（回复cn0206获取课程解析）

一　会计凭证

出纳除接触现金外，也和各种票据，尤其是发票接触较多，对于不符合规定的发票，不得作为财务报销凭证，任何单位和个人有权拒收。只有审核无误的、符合规定的原始凭证，才能据以编制记账凭证并办理款项的收付。对原始凭证进行审核和监督，是对会计信息质量实行源头控制的重要环节,是出纳工作的一项重要内容,也是出纳人员做好出纳工作的前提条件。

会计凭证是记录经济业务发生和完成情况、明确经济责任的书面证明,也是用来登记账簿的依据。通俗地说,会计凭证就是你用来记账的依据,账不可乱记,必须要有书面文件证明才可记账,而这种证明文件就是会计凭证。

会计凭证可以分为原始凭证和记账凭证。其中,原始凭证又称为原始单据,是在经济业务发生时取得或填制的,用以证明经济业务的发生和完成情况,并作为记账依据的会计凭证。

二 原始凭证

(一)原始凭证的种类

同会计工作一样,出纳工作的第一步就是要取得原始凭证,从而才能办理资金收付的事项。由于各单位的性质不同,其从事的经济业务的性质也各不相同,因而在具体办理现金收付款业务时,所采用的原始凭证的种类也各不相同。一般来说,涉及现金收付业务的原始凭证,主要有发票、非经营性收据、内部收据等。出纳的原始凭证包括自制原始凭证和外来原始凭证两大类。

1. 自制原始凭证

自制原始凭证,是指由本单位内部经办业务的部门和人员,在完成某项经济业务时自行填制的、仅供本单位内部使用的原始凭证。出纳工作常见的自制原始凭证主要有借款单、差旅费报销单、费用报销单、收款单等。

2. 外来原始凭证

外来原始凭证,是指在同外单位发生经济业务往来时,从外单位取得的原始凭证。出纳工作常见的外来原始凭证主要有采购材料时取得的发票(包括增值税专用发票和普通发票),对外单位支付款项时取得的收据,上交税款时取得的完税凭证,职工出差取得的飞机票、火车票,银行的收款通知单等。

(二)原始凭证的基本内容

由于经济业务内容和经济管理要求不同,因而记录经济业务的原始凭证也各不相同。但是,每一种原始凭证都必须客观地、真实地记录和反映经济业务的发生或完成情况,所以,所有的原始凭证也都具有一定的共性,即原始凭证的基本内容(图2-26)。

原始凭证的基本内容缺一不可,否则就不具有法律效力。有些原始凭证还应具备特殊内容和要求,如使用的统一发票上应印有税务专用章;自制发票上应盖有税务监制章;增值税专用发票则要按规定填写购销双方的税号、地址、电话、开户银行及账号(必须照实填写)。

原始凭证的内容

原始凭证的内容	
原始凭证的名称,如借据、收据、增值税专用发票等	
原始凭证填制日期和经济业务发生日期	
填制凭证单位的名称及公章或专用章	
经办人或责任人的签名或盖章	
接受凭证单位的名称	
经济业务的内容,如购买原材料、销售商品等	
经济业务的数量、计量单位、单价和金额	

图 2-26　原始凭证的内容

(三)原始凭证的填制要求

原始凭证的填制需要填制及时、内容完整、记录真实、手续完备、编号连续、书写清楚规范(包括金额数字),不得随意涂改、刮擦。

(四)原始凭证的审核

出纳是财务部门的一个窗口,一定要把好进出凭证的复核关。在凭证复核中一定要严肃认真、坚持原则、遵守制度、履行职责。对内容不完整、手续不齐全、书写不清楚、计算不准确的原始凭证,应退还有关部门和人员,及时补办手续或进行更正;对违法收支要坚决制止和纠正;对严重违法甚至损害国家和社会公众利益的收支,应向主管单位或财政、税务、审计机关报告。

原始凭证复核的内容主要包括真实性审核、完整性审核和合法性审核三个方面。

(1)真实性审核。真实就是指原始凭证上反映的应当是经济业务的本来面目,不得掩盖、歪曲和颠倒真实情况。具体包括:①经济业务双方当事人资料必须是真实的。开出原始凭证的单位、接受原始凭证的单位、填制原始凭证的责任人、取得原始凭证的责任人都要据实填写,不得假冒他人、他单位之名,也不得填写假名。②经济业务发生的时间、地点、填制凭证的日期必须是真实的。不得把经济业务发生的真实时间改变为以前或以后的时间;不得把在 A 地发生的经济业务改变成在 B 地发生;也不得把填制原始证的真实日期改变为以前或以后的日期。③经济业务的内容必须是真实的。如果是购货业务,就必须标明货物的名称、规格、型号等;如果是住宿业务,就要标明住宿的日期等。④经济业务的"量"必须是真实的。购买货物业务,要标明货物的重量、长度、体积、数量;其他经济业务也要标明计价所使用的量,如住宿 1 天、住院 5 天等。

(2)完整性审核。完整就是指原始凭证应具备的要素要完整、手续要齐全。复核原始凭证的手续是否齐全,包括双方经办人是否签字或盖章;需要旁证的原始凭证,旁证不齐也应视为手续不齐全。手续不齐全的原始凭证,应退回补办手续后再予以受理。

(3)合法性审核。合法就是指要按会计法规、企业准则和计划预算办事。在实际工作中,违法的原始凭证主要有三种情况:①有些原始凭证带有明显的时间性,如假发票、假车票等;有些原始凭证印制粗糙,印章不规范。②虽是真实的,但制度规定不允许报销,如私人购置或使用的物品,就不能以公款报销。③虽能报销,但制度对报销的比例或金额有明显限制,超过比例和限额的不能报销,如职工因公出差乘坐火车、轮船、住宿等。

三 记账凭证

记账凭证是会计人员根据审核无误的原始凭证及有关资料,按照经济事项的内容和性质确定会计分录,作为登记会计账簿直接依据的会计凭证。

在登记账簿之前,必须按实际发生经济业务的内容编制会计分录,而在实际工作中,会计分录就是通过填制记账凭证来完成的。

(一)记账凭证的种类

记账凭证按其适用范围不同分为专用记账凭证和通用记账凭证。在一个企业中,要么选择使用专用记账凭证,要么选择使用通用记账凭证,而不能将两者混用。实务中,一般企事业单位都采用通用记账凭证。

(二)记账凭证的基本内容

各企业根据自身经济业务的特点,可以设置不同格式的记账凭证。作为确定会计分录和登记账簿的依据,为了明确经济内容和对应关系,保证核算工作的正确性,它必须具备一些基本内容,如图2-27所示。

记账凭证的内容

记账凭证的内容	填制单位名称
	记账凭证的名称,如"收款凭证""付款凭证""转账凭证"
	记账凭证的日期和凭证编号,一般为编制记账凭证当天的日期
	经济内容摘要。凭证的"摘要"栏应简明扼要地说明经济业务内容,要突出说明经济事项的内容、对方单位的名称、货物名称、数量和经办人员等
	会计分录内容,即按照借贷记账法的原则编制的会计账户对应关系,分为会计科目名称(包括总账科目和明细科目)、金额和记账的借贷方向,会计分录内容是记账凭证的最基本要素
	所附原始凭证张数
	有关人员的签章。填制凭证人员、稽核人员、记账人员、会计机构负责人、会计主管人员签名或者盖章。收款和付款记账凭证还应当由出纳人员签名或者盖章。以自制的原始凭证或者原始凭证汇总表代替记账凭证的,也必须具备记账凭证应有的项目
	过账备注。记账凭证登记后,在凭证的"记账符号"栏内打"√"符号,表明该凭证已登记入账,以防止重复登记(电脑记账此步骤省略)

图2-27 记账凭证的内容

(三)记账凭证的审核

填制记账凭证是整个会计循环工作的第一步,为了保证会计信息的质量,会计人员在填制记账凭证时,必须根据审核无误的原始凭证来进行编制。记账凭证是登记账簿的直接依据,为了保证账簿登记的正确性,在记账之前应由有关人员对记账凭证进行严格审核。

出纳对于会计编制的涉及收付款项的记账凭证也要尽到审核的职责,只有经过审核无误的记账凭证,才能作为登记库存现金、银行存款账簿的依据。如发现填制的记账凭证金额有误,必须重新编制。

第七节　其他技能

一　计算的相关技能

算盘是中国传统的计算工具。它是中国古代的一项重要发明,在阿拉伯数字出现前用的计算工具。在现代会计的发展过程中,算盘也一直作为最有计算效率的会计工具存在着。在中国,20世纪90年代之前,算盘普及所有商业领域,商店的营业员都人手一把。近年来,由于计算器、电脑的迅速普及,算盘已经慢慢退出了大部分人的视线。

计算器,一般是指"电子计算器",是简单的电子工具,可以计算简单的数学运算。计算器拥有集成电路芯片,但结构简单,比现代电脑结构简单得多,可以说是第一代电子计算机(电脑)。不过计算器的计算功能,较电脑还是有很大差异,只能进行一些较为简单的运算。相较而言,计算器的价格也非常低廉,可广泛运用于商业交易中,是必备的办公用品之一。

二　电算化技能

在人们的印象中,传统的会计和出纳人员工作时,一边拨算盘,一边记账,速度很慢。随着电子计算机在会计工作中的应用,会计和出纳人员不必像以前那样为了简单的账务而忙碌一天,现在只要在电脑上输入数据,结果会自动生成,大大提高了财务人员的工作效率。这种技术在会计上称为会计电算化,掌握会计电算化知识已成为会计出纳人员的必备条件。

会计电算化的高效率需要会计软件的支持,同时它也是一个人机结合的系统,其基本构成要素包括会计人员、硬件资源、软件资源和信息资源等,核心部分则是功能完善的会计软件资源。

(一)会计电算化处理账务的特点

1. 会计电算化可以进行一体化处理数据

会计数据一旦进入系统,记账、对账、汇总编制会计报表等都是在一个一体化处理过程中进行的。

2. 会计电算化做账对于财务数据的保存也相对安全

利用计算机做账,除原始凭证外,会计凭证、账簿、报表等都能存放在计算机的磁性介质(硬盘、软盘)中,使会计数据的保存更加安全。同时,还可以根据需要随时将信息打印到纸介质上。

3. 会计电算化使财务工作变得高效、迅速

用计算机查询所需数据和会计资料,可以根据设定的查询条件,很快地查找到需要的数据。另外,在查阅时,还可以归类及打印查询结果。

(二)会计电算化的要求

1. 基本要求

《会计法》规定:"使用电子计算机进行会计核算的,其软件及其生成的会计凭证、会计账簿、财务会计报告和其他会计资料,必须符合国家统一的会计制度的规定。"这是对实行会计电算化的企业关于会计软件及其相关会计资料的基本要求。同时,会计科目和账户的设置、凭证的填制与审核、账簿的登记与更正以及报表的编制等必须符合国家统一的会计制度规定。

2. 操作要求

在会计软件中,为保证系统的安全性、防止非法操作、明确职责范围,必须根据会计电算化岗位的划分,对所有操作人员分配不同的权限。

(1)操作权限的设置可以通过软件提供的"操作权限设置"功能实现,设置时应根据操作岗位分工进行,遵循会计内部牵制制度。操作人员应使用真实姓名,严禁设置不存在的操作人员。设置完毕后,应将系统默认操作人员删除或取消其所有的权限,防止使用默认的操作人员进行实际业务操作。

(2)出纳、会计人员进行数据输入后,由记账会计审核,财务负责人定期对计算机提供的会计信息进行分析和利用,参与经济活动的管理与决策。为保证会计核算的安全、正确,必须实施双人上岗、双重复核,不得单人开机操作。

(3)要定期或不定期地进行会计电算化检查,及时发现并解决问题。对于人为造成的事故,要追究当事人的责任。

(4)为了保证计算机处理和存储的会计信息完整而准确,必须每日对电子数据进行备份。会计档案的存储方式主要以电磁介质为主、纸介质为辅,由维护人员保管并存档。

(5)除数据维护人员外,任何人未经授权不得擅自存取或改动数据记录。修改会计记录必须履行手续,经财务负责人授权后方可修改,并须详细记录在案。发现重大问题时,应及时上报。

(三)操作流程

会计电算化的主要内容包括设置会计科目、填制会计凭证、登记会计账簿、成本费用计算、编制会计报表几个方面。

1. 设置会计科目电算化

设置会计科目电算化是通过会计核算软件的初始化功能实现的。初始化是会计软件在运行时要进行的一项必不可少的工作。在初始化的过程中,除了要输入一级会计科目和明细会计科目名称及其编码外,还要输入会计核算所必需的期初金额及其相关资料,包括年初数、累计发生额、往来款项、工资、固定资产、存货等项目的期初数字;计算有关指标需要的各种公式;选择会计核算方法,包括固定资产折旧方法、存货计价方法、成本核算方法等;定义自动转账凭证;输入操作人员岗位分工情况,包括操作人员姓名、操作权限、操作密码等。

2. 填制会计凭证电算化

会计凭证包括原始凭证和记账凭证两类,这两类凭证的处理方法在不同的会计软件中也各有不同。记账凭证是根据审核无误的原始凭证登记的,其中一类会计核算软件要求财会人员手工填制好记账凭证,然后再由操作人员输入电子计算机;另外一类会计核算软件要求财会人员根据原始凭证,直接在计算机上填制记账凭证;还有一类会计软件要求财会人员直接将原始凭证输入电子计算机,由计算机根据输入的原始凭证数据自动编制记账凭证。相比较而言,前两种方法比较接近,区别只是一个是输入已经手工写好的记账凭证,另一个是边输入边做记账凭证,其相同之处是都要把所有的记账凭证输入电子计算机;而最后一种方法与前两种有很大的差别,是由计算机来填制记账凭证。

3. 登记会计账簿电算化

完成上述步骤的会计电算化后,便可以进行会计账簿的电算化登记。登记会计账簿一般可以分两个步骤进行:首先是由计算机根据会计凭证自动登记账簿,其次是将计算机生成的会计账簿打印输出。将计算机生成的会计账簿打印输出主要是考虑到有利于会计资料的保管以及进行定期审核。

4. 成本费用计算电算化

一般来讲,会计软件通常会提供多种成本计算方法供用户选择,企业可以根据自身会计核算的特点进行选择。成本费用计算电算化的过程是根据账簿记录,对经营过程中发生的采购费用、生产费用、销售费用和管理费用进行成本费用核算,是会计核算的一项重要任务。在会计软件中,成本计算是由计算机根据已经存储的上述费用,按照会计制度规定的方法自动进行的。

5. 编制会计报表电算化

会计电算化下,编制会计报表的工作是由计算机自动进行的,一般的会计软件中都有一个可由用户自定义报表的"报表生成"功能模块,它可以定义报表的格式和数据来源等内容,这样无论报表如何变化,软件都可以适应。特别要注意的是,在设计报表模板时,在会计报表之间、会计报表各项目之间,凡有对应关系的数字,均应相互一致;在本期会计报表与上期会计报表之间,有关的数字也应当相互衔接。目前,多数会计软件都具备按照这一规定自动进行核对的功能。

第三章　出纳账簿

第一节　出纳账簿的分类

出纳账簿在实际工作中主要包括现金日记账、银行存款日记账、有价证券明细账及备查账簿。

出纳在设立账簿时，首先需要考虑设置出纳账户，因为账户存在于账簿之中，账簿中的每一账页就是账户的存在形式和载体。出纳需按照经济业务内容设置出纳账户（设置账户是指对出纳对象的具体内容进行分类反映和监督的专门方法），因为出纳对象的具体内容复杂多样，想要对出纳对象所包含的经济内容进行系统的反映和监督，就要对它们进行科学的分类，以便取得经营管理所需要的各种不同性质的核算指标，如实记录各项货币资金和有价证券的增加、减少和实有数。

出纳常设账户有："现金日记账——人民币户""现金日记账——××外币户""银行存款日记账——基本户存款""银行存款日记账——××专用户存款"等。

第二节　日记账的设置

为了加强现金和银行存款的管理与核算，每个企业都要设置现金日记账和银行存款日记账，用来核算和监督每天现金与银行存款的收入、付出和结存情况。它们都被称为出纳日记账，由出纳每天按现金和银行业务发生的顺序进行登记。除了这两个日记账外，有些出纳还会设置有价证券明细账和备查账。

一 现金日记账

现金日记账是记录和反映出纳人员在办理本单位的经济业务时由于使用现金结算而发生的现金收付情况及其库存余额的序时账簿。它由出纳员根据现金收款凭证和现金付款凭证按业务发生的先后顺序每天逐笔登记,并在每天下班前结出现金余额。对于从银行账户中提取现金的业务,则应根据银行存款付款凭证登记现金日记账。

现金日记账的格式一般都为借贷余三栏式,即在同一张账页上设置"借方""贷方""余额"三栏分别反映现金的收入、付出和结存情况。此外,在"摘要"栏后还应设"对应科目"一栏,用以具体登记对方科目的名称,明确反映会计分录之间的对应关系。出纳日记账的具体格式如图3-1、图3-2所示。每日结出的现金余额根据"本日余额=上日余额+本日收入-本日支出"的公式来计算,出纳必须将每日现金日记账结出余额与现金实存数核对,两者一致,才能确保现金收付无误。

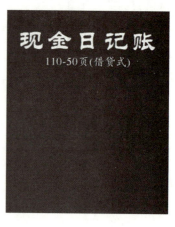

图3-1 现金日记账

图3-2 现金日记账账页

二 银行存款日记账

银行存款日记账是记录和反映本单位在经济业务中由于使用银行存款结算而使银行存款发生增减变动及其结存情况的序时账簿。它由出纳根据银行存款付款凭证和银行存款收款凭证逐日逐笔登记,在每天下班前结出银行存款结存额。对于将现金存入银行的业务,则应根据现金付款凭证登记银行存款日记账。日记账每月至少和银行对账单核对

图3-3 银行存款日记账

一次。现金日记账和银行存款日记账必须采用订本式账簿,账页按顺序编号,不得随意抽换或增添,以保持账页页数和顺序记录的系统性、完整性,以防不法分子从中舞弊。启用订本式账簿,应当从第一页到最后一页连续登记,不得跳页缺号。银行存款日记账的格式与现金日记账基本相同,但还专设"结算凭证种类和号码"栏,以反映银行存款收付时所采用的具体结算方式。如果单位有外币存款的应按不同币种和开户银行分别设置日记账。银行存款日记账的具体格式如图3-3、图3-4所示。

银行存款日记账

年		凭证		摘要	对应科目	借方	贷方	余额
月	日	名称	编号			亿千百十万千百十元角分√	亿千百十万千百十元角分√	亿千百十万千百十元角分√

图 3-4 银行存款日记账账页

三　有价证券明细账

有价证券明细账主要核算股票、债券等有价证券的增减变动及结存情况。出纳将自己保管的各种有价证券按不同的单位分设明细账进行核算,如设"交易性金融资产——股票投资"等科目。明细账可选择"三栏式"或"多栏式"账簿,具体格式如图3-5所示。

三栏式有价证券日记账

年		凭证		摘要	借方	贷方	余额
月	日	类别	号数				

图 3-5 三栏式有价证券日记账

四　备查账簿

备查账簿又称辅助账簿或备查簿。它是对序时账簿和分类账簿未能记载或记载不全的与经济业务有关的情况进行补充登记的账簿,或者说是为便于查考而对有些备忘事项进行登记的账簿,如"租入固定资产备查簿""应收票据备查簿"等。备查账簿与序时账簿和分类账簿相比,有两点不同:一是在登记依据上备查账簿可能不需要记账凭证,甚至不需要一般意义上的原始凭证;二是账簿的格式和登记方法不同,备查账簿的主要栏目不记录金额,更注重用文字来表述某项经济业务的发生情况。

第三节 账簿的登记

3.3 账簿的登记(回复 cn0303 获取课程解析)

一 账簿的启用

新企业纳税人应当在领取营业执照之日起 15 日内按照规定设置相关账簿。账簿是重要的会计档案和历史资料。启用会计账簿时,应当在账簿封面上写明单位名称和账簿名称。在账簿扉页上应当列明科目索引和启用表,科目索引登记账簿中每个账户的名称和页次。其中日记账必须采用订本式。现金日记账账簿以及银行存款日记账账簿启用时,对于账簿扉页的"账簿使用登记表"必须逐项如实填写。现金日记账使用登记表,如图 3-6 所示。

图 3-6 现金日记账使用登记表

注意：

印花税票的粘贴

（1）粘贴印花税票的账簿，印花税票一律粘在账簿扉页启用表的右侧，并在印花税票中间画两条出头的横线，以示注销。

（2）使用缴款书缴纳印花税，在账簿扉页启用表的左上角注明"印花税已缴"及缴款金额，缴款书作为记账凭证的原始凭证登记入账。

（3）自2018年5月1日起，对按万分之五税率贴花的资金账簿减半征收印花税，对按件贴花五元的其他账簿免征印花税。

二　登记账簿的要求

出纳登记的账簿主要包括现金日记账和银行存款日记账。

（一）登记现金日记账要求

登记现金日记账时，除了遵循上面账簿登记的基本要求外，我们还应注意以下栏目的填写方法，如表3–1所示，正确的登记如图3–7所示。

表3–1　现金日记账的填写方法

项目	说明
日　期	该笔经济业务记账凭证上的日期，按照经济业务发生时间或者记账凭证日期来填写
凭证编号	"凭证字号"栏中填入的是编制的该笔经济业务记账凭证上的编号。若是企业单位用的就是单一的记账凭证，没有收付转凭证分类，那么就只要填写"记×号"就可以；若是企业单位分收、付、转凭证，则要在"凭证字号"栏填写"收×号""付×号"或是"转×号"
摘　要	"摘要"栏的填写，一定要力求简明扼要，做到在有限的空白处填上精简、适当的内容来说明入账的经济业务的内容即可
对应科目	记账凭证中的"对应科目"栏填写的是库存现金账户的对应科目，它可以反映出库存现金的增减变化。另外在填写对应科目时必须注意以下三点： ①只填总账科目，不需填明细科目 ②对应科目有多个时，填入主要对应科目即可 ③若是对应科目有多个且不能从科目上划分出主次时，在对应科目栏中填入其中金额较大的科目，并在其后加上"等"字即可
借、贷方金额	"借方金额"栏和"贷方金额"栏一定要根据记账凭证中所记录的"库存现金"科目的借方金额和贷方金额来登记，注意其方向和金额不要填错
余　额	"余额"栏是根据公式"本行余额＝上行余额＋本行借方－本行贷方"来计算填入的。在登记余额时一定要细致，不要计算错误

现金日记账

201×年		凭证		摘要	借方 亿千百十万千百十元角分	√	贷方 亿千百十万千百十元角分	√	借或贷	余额 亿千百十万千百十元角分	√
月	日	字	号								
				上年结转					借	5 0 0 0 0 0	
01	01	记	01	预支差旅费			2 0 0 0 0 0		借	3 0 0 0 0 0	
01	01	记	02	报销办公费			1 0 0 0 0 0		借	2 0 0 0 0 0	
01	01	记	08	提取备用金	1 0 0 0 0 0 0				借	1 2 0 0 0 0 0	
01	01	记	09	报销招待费			2 0 0 0 0 0		借	1 0 0 0 0 0 0	
				本日合计			5 0 0 0 0 0		借	1 0 0 0 0 0 0	
				本月合计	1 0 0 0 0 0 0		5 0 0 0 0 0		借	1 0 0 0 0 0 0	

图3-7 现金日记账的正确登记

(二)登记银行存款日记账要求

银行存款日记账的格式和登记方法具体要求与现金日记账相同。银行存款日记账应按各种存款分别设置,有外币存款的企业,应分别按照人民币和各种外币设置"银行存款日记账"进行明细核算。银行存款日记账的正确登记如图3-8所示。

银行日记账

开户银行:交通银行陇西支行
账　号:4130631000180069946

201×年		凭证		摘要	借方 亿千百十万千百十元角分	√	贷方 亿千百十万千百十元角分	√	借或贷	余额 亿千百十万千百十元角分	√
月	日	字	号								
				承前页					借	5 0 0 0 0 0 0	
01	01	记	05	提现			1 0 0 0 0 0 0		借	4 0 0 0 0 0 0	
01	01	记	01	收到货款	2 0 0 0 0 0 0 0				借	2 4 0 0 0 0 0 0	
01	01	记	06	付账户管理费			2 4 0 0 0		借	2 3 9 7 6 0 0 0	
01	01	记	08	收到货款	1 0 0 0 0 0 0				借	2 4 9 7 6 0 0 0	
				本日合计	2 1 0 0 0 0 0 0		1 0 2 4 0 0 0		借	2 4 9 7 6 0 0 0	
				本月合计	2 1 0 0 0 0 0 0		1 0 2 4 0 0 0		借	2 4 9 7 6 0 0 0	

图3-8 银行存款日记账的正确登记

三　对账和结账

(一)对账

为了保证会计资料的质量,会计人员在每一个会计程序中都应该认真地处理好企业单位所发生的每一笔经济业务事项。就算是整个会计阶段结束,我们也应该认真做好对账和结账工作。

对账是指对各种账簿记录进行核对。会计核算工作中,由于种种原因,会存在记账不符、计算差错等问题,为了确保账簿记录的正确、完整、真实,在有关经济业务入账之后,必须进行账簿的核对。对账工作是保证账证相符、账账相符和账实相符的一项检查性工作。对账一般是在月末、季末、年末所有经济业务登记入账之后,结账之前进行,主要括以下内容。

1. 账证核对

账证核对是指核对账簿记录与原始凭证、记账凭证的时间、凭证字号、内容、金额是否一致,记账方向是否相符,即将现金和银行日记账与有关会计凭证(收款凭证、付款凭证及其所附的原始凭证等)相核对。

若发现差错,应重新对账簿记录和会计凭证进行复核,直到查出错误的原因为止,以保证账证相符。

2. 账账核对

账账核对是对各种账簿之间的有关记录进行核对,以做到账账相符。账账核对主要是核对以下内容。

(1)现金日记账与现金总账的核对。

现金日记账是根据现金收付款凭证逐笔登记的,现金总分类账是根据现金收、付款凭证汇总登记的,两者记账的依据相同,记录的结果应该完全一致。但由于两个账簿是由不同人员分别记账的(也有企业都是由出纳人员登记),所以难免会出现差错。

(2)银行存款日记账与银行存款总账的核对。

同样,银行存款日记账是根据银行存款收付款凭证逐笔登记的,银行存款总分类账是根据银行存款收、付款凭证汇总登记的,记账的依据是相同的,记录的结果应该完全一致。

(3)在实务中,出纳人员要定期出具"出纳报告单"与总账会计进行核对,平时也要经常核对两账的余额,以及时发现错误。

每月终了结账后,应将现金总账的本月借方发生额、贷方发生额以及月末余额分别同现金日记账的本月收入合计数、本月支出合计数和余额相互核对;将银行存款总账的本月借方发生额、贷方发生额以及月末余额分别同银行存款日记账的本月收入合计数、本月支出合计数和余额相互核对。看看总账与日记账之间是否完全相符。如果不符,应先查出差错出在哪里,找出错误后,应立即按规定的方法加以改正,做到账账相符。

3. 账实核对

账实核对是指各项财产物资、债权债务等账面余额与实有数额之间的核对。账实核对主要是核对以下内容:

(1)现金日记账账面余额与库存现金数额是否相符,即核对现金日记账账面余额与现金实际库存数(每天)。

(2)银行存款日记账账面余额与银行对账单的余额是否相符,即定期核对银行存款日记账的账面余额与银行送来的对账单(一般至少每月一次)。

(二)结账

结账,是在把一定时期内发生的全部经济业务登记入账的基础上,计算并记录本期发生额和期末余额。《会计基础工作规范》规定的结账程序及方法如下：

（1）结账前，必须将本期内所发生的各项经济业务全部登记入账。

（2）结账时，应当结出每个账户的期末余额。需要结出当月发生额的，应当在摘要栏内注明"本月合计"字样，并在下面通栏划单红线；需要结出本年累计发生额的，应当在摘要栏内注明"本年累计"字样，并在下面通栏划单红线。12月末的"本年累计"就是全年累计发生额，全年累计发生额下应当通栏划双红线，年度终了结账时，所有总账账户都应当结出全年发生额和年末余额。

（3）年度终了，要把各账户的余额结转到下一会计年度，并在摘要栏注明"结转下年"字样；在下一会计年度新建有关会计账簿的第一余额栏内填写上年结转的余额，并在摘要栏注明"上年结转"字样。

四 错账

（一）错账产生原因

（1）记账方向错误。在记账时，将账簿中的借方记成贷方，或将贷方记成借方；将应记红字的数字误记为蓝字，或把应记蓝字数字误记为红字等。

（2）漏记。在记账时，将某一凭证金额的数字遗漏，未记入账簿。

（3）重记。在记账时，将已经登记入账的金额数字重复记入账簿。

（4）记错科目。在记账时，"张冠李戴"，如将现金记入银行存款科目。

（5）数字位数移位。在记账时，将数字位数移动，将大数写小或将小数写大。

（6）数字位数颠倒。在记账时，将某一数字中相邻的两位数字颠倒登记入账。

（7）结账时计算错误。在结账时，发现数字打错或余额记错，从而导致账项不平。

（二）错账更正

出纳在制单过程中，往往会因工作疏忽、业务不熟等原因发生工作失误。同时，制证会计在编制记账凭证过程中也会出现如记反会计账户借贷方向、使用会计科目不当、写错金额等错误。发生上述错误后，如尚未生成记账凭证，应重新制单，对原错误的单据予以作废或撕毁；对于已入账的记账凭证，则应根据错误发生的具体情况，采取相应的方法予以更正。所以，发生错账时，会计与出纳应及时沟通、协调，纠正错误。更正错账的方法主要包括划线更正法、红字更正法和补充登记法。

1. 划线更正法

划线更正法只适用于手工账发生错误的情况，这里仅做了解。

手工记账情况下如果在结账前发生账簿记录有误，但其据以入账的记账凭证并无错误，纯属日记账记录时出现的文字或数字笔误时，可采用划线更正法予以更正。

例如，出纳在按记账凭证登记现金日记账时，将存现702.00元错误记为720.00元。更正时应将错误数字全部用红线划掉注销，并在上方写上正确的数字加盖出纳印鉴，同时更正有关的账户合计数及余额,如图3-9所示。

现 金 日 记 账   20

2019年		凭证字号	摘要	对应科目	借方 亿千百十万千百十元角分	√	贷方 亿千百十万千百十元角分	借或贷	余额 亿千百十万千百十元角分	√
月	日									
5	01		期初余额						4 3 5 0 0 0	
5	01		收到祝福退回差旅费	其他应收款	5 0 0 0 0				4 8 5 0 0 0	
5	01		收到员工归还借款	其他应收款	1 0 0 0 0 0				5 8 5 0 0 0	
5	01		报销广告费	销售费用			9 0 0 0 0		4 9 5 0 0 0	
5	01		支付设备押金	其他应收款			1 0 0 0 0 0		3 9 5 0 0 0	
5	01		提取备用金	银行存款	5 0 0 0 0 0				8 9 5 0 0 0	
5	01		存入现金	银行存款			~~7 2 0 0 0~~		8 2 4 8 0 0	
5	01		员工借款	其他应收款			3 0 0 0 0 0		5 2 4 8 0 0	

图3-9 划线更正法

2. 红字更正法

红字更正法是用红字冲销原有错误的凭证记录或账户记录,以更正或调整账簿记录的一种方法。通常适用以下两种情况:

(1)记账以后,发现记账凭证中应借、应贷科目用错,从而引起记账错误。

更正时,先用红字填制一张内容与错误的记账凭证完全相同的记账凭证,据以用红字登记入账,以冲销原记的错误记录,然后再用蓝字填制一张正确的记账凭证,据以登记入账。

(2)记账后发现记账凭证和账簿记录中应借、应贷会计科目无误,只是所记金额大于应记金额所引起的错误。

更正时,按多记金额用红字编制一张与原来记账凭证应借、应贷科目完全相同的记账凭证,以冲销多记金额,并据以记账。

3. 补充登记法

补充登记法是在记账以后,发现记账凭证的所记金额小于应记金额,但其会计科目并未用错而采用的一种错账更正方法。

更正时,只需把少记的金额用蓝字编制一张与原来记账凭证应借、应贷科目完全相同的记账凭证,并将其补充登记入账。

五 编制出纳报表

出纳人员记账后,应根据现金日记账、银行存款日记账、有价证券明细账、银行存款对账单等核算资料,定期编制"出纳报告单"和"银行存款余额调节表"。

出纳报告单是出纳工作的最终成果,也是单位管理者进行经营决策的重要依据,因此,必须保证出纳信息的真实性、完整性和准确性。出纳人员应根据单位内部管理的要求设计符合单位实际情况的出纳报告,定期编制并及时报送,以充分反映本单位一定时期内的货币资金和有价证券收、支、存的情况,并与总账会计核对期末余额。

(一)出纳报告的基本格式

出纳报告属于企业的内部报告,并没有一个固定的形式。但是,无论企业采取哪种报告形式,其基本内容都应当包括"上期结存""本期收入""本期支出"和"期末结存"等基本项目。常用的出纳报告格式如图3-10所示。

项目	库存现金	银行存款	其他货币资金	有价证券	备注
期初余额					
本期收入					
合计					
本期支出					
期末余额					
货币资金合计	(小写)		(大写)		

图3-10 出纳报告单

(二)出纳报告的填制

(1)编制时间:通常情况下,出纳报告单的报告期可与本单位总账会计汇总记账的周期相一致。例如,本单位总账10天一汇总,则出纳报告单10天编制一次。如果单位内部管理需要或者单位货币收支数量较大,那么出纳报告单就可以根据现金和银行存款的情况每日一报。

(2)出纳报告单填写说明:①期初余额,是指报告期前一期的期末结存数,即本期报告期前一天的账面结存金额,也是上一期出报告单的"本期结存"数字。②本期收入,应按相关账面本期合计借方数字填列。③本期支出,应按账面本期合计贷方数字填列。④期末余额,是指本期期末账面结存数字,其数额为"上期结存+本期收入-本期支出"。期末余额必须与账面实际结存数一致。⑤备注是对相关项目一些特殊情况的说明,如银行存款中的未达账项,债券的到期日期等。

注意:出纳报告单上的内容必须与出纳日记账等有关明细账和备查账簿的内容相符,以保证出纳信息的真实、准确和完整。

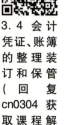

3.4 会计凭证、账簿的整理装订和保管(回复cn0304获取课程解析)

第四节 会计凭证、账簿的整理装订和保管

一 会计凭证的整理和装订

(一)凭证整理

凭证整理主要是指对记账凭证所附的原始凭证进行整理。出纳每月经手的凭证,都

应当在最后一个工作日结束后,将记账凭证连同所附的原始凭证,按照编号顺序进行整理,并移交会计人员。

在实际工作中,出纳收到的原始凭证的业务类别和纸张尺寸会有所不同。因此,需要进行分类,并按照记账凭证的尺寸进行折叠或粘贴等处理。这些凭证在装订之前,必须进行适当的整理,以便于进行规范化的装订。

(二)凭证装订

每月初,会计人员做账完毕后,出纳要协助其将上月的所有凭证配以封面、封底和包角纸,进行规范化地集中装订,并在凭证封面上注明日期和凭证张数,在装订人签字处签名。这个过程就是凭证装订。

凭证的装订涉及:打孔、穿线、粘贴封皮、粘贴封角等步骤。在装订过程中需要注意装订后的凭证封面上,应当注明单位名称、年度、月份、起讫日期、凭证种类、起讫号码,由装订人签名。

二 出纳档案的保管

(一)出纳档案

出纳档案就是经过整理后需要依法长期保存的会计资料。简单地说,出纳档案就是由出纳业务各环节组成的,按照法律和行政法规和部门规章以及单位内部规定进行保存的出纳业务资料。出纳档案是会计档案的组成部分,对于日后的检查有着十分重要的意义。

1.出纳档案的组成

通常,与出纳业务有关的档案包括现金日记账、银行存款日记账、各类凭证、银行对账单、各种作废的票据及存根、出纳盘点表、出纳报告、出纳工作交接书、档案交接、保管和销毁的相关文件。

2.存档

建立出纳档案时,可按照资料的性质、时间顺序和会计人员的要求进行分类。参照凭证装订规范,将已分类的能够装订的各种凭证、账页、表格和文件进行装订。再将装订成册的出纳资料,按照分类和时间顺序进行编号,并登记封皮明细签署姓名。具体的存档年限,按照相关法规和所在单位的规定执行。

(二)出纳档案的管理

一个会计年度内正在逐步形成的出纳资料,由出纳负责保管。一个会计年度结束后的一年内,该年度的出纳资料可由出纳保管。此后,应当编造清册移交会计或档案管理部门存档,不得再由出纳负责保管。

装订成册的会计凭证要按年度和月份的顺序排列、放置。出纳存档资料的存放,应当符合安全、防火、防盗、防虫、防潮的要求。借阅出纳存档资料,必须按规定报批获准,并进行登记。复制出纳存档资料,必须按规定报批获准,并进行登记。不得拆撤、增补凭证,向外单位提供的原始凭证复印件,应当专门登记所复制的会计凭证名称、张数,并由提供人员和接收人员共同签名或盖章。交接出纳存档资料时,须严格执行交接规定,逐件办理清点、登记手续。出纳资料存档期满,应按《会计档案管理办法》和所在单位规定,办理销毁报批手续,依照有关程序实施销毁,不能自行销毁。

案例拓展十一: 关于凭证如何装订的场景故事,如图3-11所示。

图3-11 凭证的装订

第五节 出纳工作交接

3.5 出纳工作交接(回复 cn0305 获取课程解析)

一 出纳工作岗位交接要求

根据《会计基础工作规范》的规定,出纳人员(含临时代理出纳工作的人员),凡因故不能在原出纳岗位工作时,均应向接管人员(含原被代理人员)办理移交手续;没有办理交接手续的,不得调动或者离职。这是出纳人员对工作应尽的职责,也是分清移交人员和接管人员责任的重要措施。

《会计法》有明确规定：会计人员调动工作或者离职，必须与接管人员办清交接手续。一般会计人员办理交接手续，由会计机构负责人(会计主管人员)监交，会计机构负责人(会计主管人员)办理交接手续，由单位负责人监交，必要时主管单位可以派人会同监交。这是对会计人员工作交接问题做出的法律规定。

做好会计交接工作，可以使会计工作前后衔接，保证会计工作连续进行；做好会计交接工作，可以防止因会计人员的更换出现账目不清、财务混乱等现象。出纳工作的交接，属于会计交接的一部分，这个交接，不是可有可无的，而是出纳的移交、接交和监交三方必须履行的法定程序，并将承担相应的法律责任。

出纳交接时应做到两点：一是移交人员和接管人员要办清手续；二是交接过程中须由专人负责监交。交接时，要进行财产清查，做到账账核对、账款核对。交接清楚后，应填写移交表，将所有移交的票、款、物编制详细的移交清册，按册向接交人点清。交接核对无误后，由交、接、监三方签字盖章。

二 出纳工作岗位交接内容

出纳工作岗位交接内容包括以下方面：

(1)对于库存现金(现钞、金银珠宝等)，有价证券(证券、股票、商业汇票等)，其他贵重物品，要根据会计账簿的有关记录逐一点交。

(2)移交支票(空白现金支票、作废现金支票、转账支票等)，发票(空白发票、已用或者作废发票存根联或作废发票其他联等)，支票、发票的号码必须是相连的，交接时要注意清点。

(3)出纳凭证(原始凭证、记账凭证)，收款收据(空白收据、已用或作废收据存根联或作废收据其他联)，支票簿接收时要查看清楚，并妥善保管。

(4)出纳账簿(现金日记账、银行存款日记账等)移交时，接交人应该核对账账、账实是否相符、完整，并在启用表上填写移交日期，加盖个人私章。现金日记账余额与实际库存现金核对一致；银行存款日记账余额与银行对账单核对一致。银行存款账户要与银行对账单核对，并编制银行存款余额调节表。

(5)企业证件及密码，主要包括企业的营业执照正、副本，银行开户许可证，单位结算卡、支付密码器、U盾等。移交人应将企业网银登录密码、密码器密码、保险柜密码，以及钥匙、办公室钥匙、办公桌钥匙、门卡、计算机开机密码等一一移交给接交人。交接后应立即更换密码和有关锁具。

(6)印鉴的交接。财务专用章，银行预留印鉴、印章和印鉴卡以及"现金付讫""现金收讫""银行付讫""银行收讫"等业务印鉴，应由接交人更换预留在银行的印鉴。

(7)其他有关会计资料(银行对账单，应由出纳人员保管的合同、协议等)，有关会计文件、会计用品移交时列出清单，认真记载。尚未登记的收、付业务，应登记完毕，并在最后一笔余额后加盖个人私章。整理应移交的其他各种资料,对未了事项做出书面说明。

三 出纳工作岗位交接程序

出纳的工作交接程序如表3-2所示。

表3-2 出纳工作岗位交接程序

交接程序	交接内容
第一阶段 交接准备	第一步:将已经受理的业务处理完毕 第二步:将出纳账簿登记完毕,结出余额,并在最后一笔余额后加盖出纳人员名章 第三步:整理应该移交的各种资料,对于未完事项和遗留问题,要写书面材料 第四步:编制移交清册,将要办理移交的账簿、印鉴、现金、有价证券、支票簿、发票、文件、其他物品等列清。在实行电算化的企业,移交人员还应在移交清册上列明会计软件及密码、数据U盘等内容 第五步:出纳应与现金和银行存款总账核对相符,现金日记账余额要与库存现金一致,银行存款日记账金额要与银行对账单一致 第六步:在现金和银行存款日记账扉页的启用表上填写移交日期,并加盖名章
第二阶段 移交过程	第一步:库存现金要根据日记账余额当面点交,不得短缺。接替人员发现不一致或"白条抵库"现象时,移交人员应在规定的期限内负债查清
第二阶段 移交过程	第二步:有价证券要根据备查账余额进行点收,若发现有价证券面额与发行价不一致时,要按账面金额交接 第三步:银行存款账户与银行对账单核对一致,出纳人员在办理交接前,须向银行申请打印对账单。如存在未达账项,还需编制银行存款余额调节表,调整相符 第四步:交接人员应按移交清册点收应由出纳人员保管的其他财产物资,如财务章、人名章、收据、空白支票、科目印章、支票专用章等 第五步:交接双方和监交人员要在移交清册上签名盖章,并在移交清册上注明企业名称,交接日期,交接双方和监交人的职位、姓名、移交清册页数及需要说明的问题和意见等
第三阶段 交接完毕	第一步:接交人员应继续使用移交前的账簿,不得擅自另立账簿,以保证会计记录前后衔接,内容完整 第二步:移交清册须一式三份,交接双方各持一份,存档一份

案例拓展十二：出纳工作移交清单展示如图3-12所示。

出纳移交工作明细表

原出纳人员张燕因工作调动,财务部已决定将出纳工作移交给赵研接管。现办理如下交接：
交接日期：20××年06月01日
一、具体业务的移交
库存现金：6月1日账面余额1002.00元,借支单5张6000.00元（借支人员确认表附1）,实存相符,日记账余额与总账相符。
银行存款余额明细如下：

项次	币种	银行账户名称	账号	银行存款余额	开户行	备注
1	人民币	××有限公司	110000××0111	180000.00	中国银行北京海淀区支行	基本户
2	人民币	××有限公司	4304××1185	200000.00	建设银行北京海淀	一般户

以上数据与20××年06月01日银行提供的银行对账单余额表核对相符。
二、移交的会计凭证、账簿、文件
1.本年度现金日记账叁本。
2.本年度银行存款日记账叁本。
3.空白现金支票贰张（1040113008536317号至1040113008536318号）,作废现金支票壹张（号码1040113008536315）
空白转账支票无。
4.空白收据壹本（52000001号至52000050号）。
5.银行承兑汇票一张,金额302000.00元（票号6121561306622135）
三、保险柜、银行物品交接
1.保险柜壹个,钥匙壹把。
2.网上银行U盘叁个,支付密码器壹个。
3.银行预留印鉴卡壹张。
4.支票购买证壹本。
5.银行开户许可证壹本。
6.电子回单柜卡壹张。
7.单位结算卡壹张。
四、印鉴、印章交接
1.公司财务印章壹枚。2.私章壹枚。3.公司公章壹枚。
五、交接前后工作责任的划分
20××年06月01日前的出纳责任事项由赵研负责；20××年6月1日起的出纳工作张燕负责。以上移交项均经交接双方认定无误。
本交接书一式三份,双方各执一份,存档一份。

移交人：张燕
接管人：赵妍
监交人：刘亮
20××年06月01日

图3-12 出纳工作移交清单

第四章 现金结算业务

现金支付方、电子支付和数字支付,这三种支付方式目前在我国并存,并具有替代性,可以相互转化。它们各有特点、利弊,为市场主体和社会公众提供了多样化的支付选择。随着信息科技进步,由于电子支付和数字支付结算方式的便捷,使其逐渐成为社会大众的支付首选。但是现金结算这种最基础最传统的支付方式,会作为其他支付方式的辅助形式继续存在下去。所以出纳还是应当正确、严谨的对待企业涉及的现金结算业务。不得排斥和歧视现金支付,不得采取歧视性或非便利性措施排斥现金支付,造成"数字鸿沟"。

4.1 现金管理理论知识(回复cn0401 获取课程解析)

第一节 现金管理理论知识

一 现金管理的原则

现金是指存放在企业并由出纳人员保管的现钞,包括库存人民币和各种外币。它是企业中流动性较强的资产,由企业自由支配,主要用来购买所需物资、零星支出及偿还债务等。广义现金不仅包括库存现款还包括视同现金的各种银行存款、流通证券等。我国主要使用狭义的现金概念。

现金的管理就是对现金的收、付、存等各环节进行的管理,依据《现金管理暂行条例》的规定,现金管理的基本原则有以下方面。

(一)收付合法原则

收付合法原则,是指各单位在收付现金时必须依照国家的财经法规办理现金收支业务。这里所说的合法包括两层含义:一是现金的来源和使用必须合法;二是现金收付必须在合法的范围内进行。

(二) 钱账分管原则

钱账分管,即管钱的不管账,管账的不管钱。一方面,非出纳不得经管现金的收付业务和现金保管业务;另一方面,按照《会计法》的规定,出纳不得兼管稽核、会计档案保管和收入、费用、债权、债务账目的登记工作。当然,管钱的不管账,并不是说出纳不能管理任何账,只要所管的账与现金及银行存款无关或不影响内部牵制的总体要求即可。例如,出纳在办理现金收付业务和现金保管的同时,还要登记现金日记账和编制现金日报表,由出纳以外的会计人员登记现金总账。

(三) 收付两清原则

收付两清原则,是指为了避免在现金收支过程中发生差错,防止收付发生长款、短款,现金收付要做到相互复核,不论工作忙闲、金额大小或对象生熟,出纳员对收付的现金都要进行复核,切实做到现金收付不出差错,收付款当面点清,以保证收付两清。

(四) 日清月结原则

日清月结原则,是指各单位必须做到对每天发生的现金收付业务,都要计入现金日记账,结出每天的库存现金余额,并把账面现金余额与实际库存现金余额核对,保证账实相符。日清月结制度的内容包括:

(1) 清理各种现金收付款凭证,检查单证是否相符,也就是说各种收付款凭证所填写的内容与所附原始凭证反映的内容是否一致;同时还要检查每张单证是否已盖齐"收讫"或"付讫"的戳记。

(2) 登记和清理日记账。出纳要将当日发生的所有现金收付业务全部登记入账,并在此基础上,看看账证是否相符,即现金日记账所登记的内容、金额与收、付款凭证的内容、金额是否一致。清理完毕后,结出现金日记账的当日库存现金账面余额。

(3) 现金盘点。出纳应按券别分别清点现金数量,然后加总,得出当日现金的实存数。将盘存得出的实存数和账面余额进行核对,看两者是否相符。如果发现有长款或短款,应进一步查明原因,及时进行处理。如果查明长款是因记账错误、丢失单据所致,应进一步查明原因,及时进行处理。如果属于少付他人应查明并退回,如果确实无法退还,应经过一定审批手续才能作为单位的收益。对于短款,如果查明属于记账错误应及时更正错误;如果属于出纳疏忽或业务水平问题,一般应按规定由过失人赔偿。

(4) 检查库存现金是否超过规定的现金限额。如果实际库存现金超过规定库存限额的,则出纳应将超出的部分及时送存银行。如果实际库存现金低于库存限额的,则应及时补提现金。

二 现金管理规定

根据国务院发布的《现金管理暂行条例》的规定,企业现金管理制度主要包括以下内容。

(一)现金的使用范围

企业可用现金支付的款项有：①职工工资、津贴；②个人劳务报酬；③根据国家规定颁发给个人的科学技术、文化艺术、体育比赛等各种奖金；④各种劳保、福利费用以及国家规定的对个人的其他支出；⑤向个人收购农副产品和其他物质的价款；⑥出差人员必须随身携带的差旅费；⑦结算起点(1 000元)以下的零星支出；⑧中国人民银行确定需要支付现金的其他支出。除上述情况可以用现金支付外，其他款项的支付应通过银行转账结算。

按照以上现金适用范围的规定，在银行开户的单位，也只有在下列范围内才能收受现金，其他收入则一律通过银行办理结算。具体可以使用现金的范围包括：剩余差旅费和归还备用金等个人的交款；对个人或不能转账的集体单位的销售收入；不足转账起点(1 000元)的小额收款。

(二)现金的限额

现金的限额是指为了保证单位日常零星开支的需要，允许单位留存现金的最高数额。这一限额由开户银行根据单位的实际需要核定，一般按照单位3~5天日常零星开支所需确定。边远地区和交通不便的开户单位的库存现金限额，可按多于5天但不得超过15天的日常零星开支的需要确定。经核定的库存现金限额，开户单位必须严格遵守，超过部分应于当日终了前存入银行。需要增加或者减少库存现金限额的，应当向开户银行提出申请，由开户银行核定。开户单位现金收支应当依照下列规定办理：

(1)开户单位现金收入应当于当日送存开户银行，当日送存确有困难的，由开户银行确定送存时间。

(2)开户单位支付现金，可以从本单位库存现金限额中支付或从开户银行提取，不得从本单位的现金收入中直接支付(即坐支)。因特殊情况需要坐支现金的，应当事先报经开户银行审查批准，由开户银行核定坐支范围和限额。坐支单位应当定期向开户银行报送坐支金额和使用情况。

(3)开户单位从开户银行提取现金时，应当写明用途，由本单位财会部门负责人签字盖章，经开户银行审核后，予以支付。

(4)因采购地点不确定、交通不便、生产或市场急需、抢险救灾以及其他特殊情况必须使用现金的，开户单位应向开户银行提出申请，由本单位财会部门负责人签字盖章，经开户银行审核后，予以支付现金。

另外，按照《现金管理暂行条例》及其实施细则的规定，企事业单位和机关团体、部门在日常现金收付管理中还必须遵循以下"八不准"：①不准用借条、白条等不符合财务制度的凭证顶替库存现金(即不准白条抵库)；②不准单位之间相互借用现金；③不准谎报用途套用现金；④不准利用银行账户代其他单位和个人收支现金；⑤不准将单位收入的现金以个人名义存入银行；⑥不准保留账外公款，不得私设"小金库"；⑦不准发行变相货币;⑧不准以任何票券代替人民币在市场上流通。

开户单位如有违反现金管理"八不准"的任何一种情况,开户银行可以按照《现金管理暂行条例》的规定,责令其停止违法活动,并根据情节轻重给予警告或罚款。

(三)库存现金的内部控制制度

库存现金的内部控制制度有以下五个方面:

(1)应建立现金的岗位责任制,明确相关部门和岗位的职责权限,确保办理现金业务的不相容岗位相互分离,制约和监督。具体应做到:①现金收支业务的审批和执行应由不同人担任;②现金收支业务的执行和记录应由不同的人担任;③现金的记录、保管和稽核应由不同的人担任;④登记现金日记账和登记现金总账应由不同的人担任;⑤出纳人员不得兼任会计档案的保管工作;⑥出纳员不得兼管收入、费用、债权、债务账目的登记工作。

(2)办理现金业务应配备合格的人员,规定经办人员办理现金业务的职责范围和工作要求。

(3)应建立现金业务的授权批准制度,明确审批人员对现金业务的授权批准方式、权限、程序、责任和相关控制措施。

(4)企业应加强银行预留印鉴的管理。财务专用章由专人保管,个人名章由本人或其授权人保管。严禁一人保管支付款项所需的全部印章。

(5)企业应加强与现金有关的票据管理,防止空白票据的遗失和被盗。

第二节 现金收入的管理

4.2 现金收入的管理(回复cn0402获取课程解析)

一 现金收入的内部控制

由于现金是非常便捷的支付手段,具有很高的流动性。所以,在现金的收付业务中如不加强对现金的控制,容易造成非正常现金流失,从而导致别有用心的人侵占、挪用现金,使单位蒙受不必要的经济损失。因此,现金收入内部控制主要关键在于现金结算与库存现金,应注意以下控制要点。

(一)职责分工

签发收款凭证(即发票或收据)应与收款的职责分开,由两个经办人分工负责办理,即一般由业务部门人员填制发票和单据,由出纳人员据以收款,会计人员据以记账,从而确保发票、收款人和入账金额的一致性,防止交由一人经办可能产生的弊端。也就是说,发生每笔现金收入必须填制收款凭证,对于已经收讫的凭证,应在有关原始凭证上盖上

"现金收讫"的戳记,并立即登记入账。

(二)控制票据的发票数量和编号

签发收据、发票的人员不得兼管收据、发票的保管工作。领用收据、发票,须经财务部门领导批准。应定期核对未使用的空白收据、发票,防止短缺。建立收据、发票的销号制度,并将开出收据、发票的存根与已入账的收据、发票的记账联,按编号、金额逐张核对后注销,确保收入款项的及时入账。这些控制都体现在认真仔细登记"发票领用登记簿"和"空白收据领用登记簿"中。作废的收据、发票应全部粘贴在存根上。

(三)开具正确、合适的票据

所有收入的现金,均应开具发票或收据给交款人,以分清经办人员与收款人员的职责。

二 现金收入的来源

一般来说,企业生产经营活动的现金收入来源主要有企业因销售商品、提供劳务而取得的收入,符合现金结算范围的销售款,差旅费借款余额,因公临时借款结算余额,从银行提取现金,职工和个人的集资款,罚款,赔款,接受捐赠或赞助,出纳长款等。

三 现金收入业务的处理程序

(一)收取现金的流程

收取现金的流程有以下方面:

(1)受理收款业务,审核现金收入的来源及有关原始凭证(即审核现金收入的合法性、真实性、实效性、准确性),确认收款金额。

(2)当面清点现金及复点,做到收付两清,一笔一清,并妥善保管好现金。

(3)依据管理规定开具收款凭据(即收款收据或发票),并在凭据上加盖"现金收讫"印章和出纳名章,并将收款收据中的付款人持有联交给付款人。

(4)将所开具收款凭据的"记账联"撕下,并交给会计人员,会计人员根据交款人交来的收款依据和收款凭据的"记账联"编制现金收款记账凭证。

(5)根据审核无误的记账凭证登记现金日记账。

(二)相关凭证的填写

一般来说,企业涉及现金收款业务的原始凭证主要有发票和收据。

1. 发票

发票是指在购销商品、提供或者接受劳务以及从事其他经营活动中,开具、收取的收付款的书面证明。它是确定经营收支行为发生的法定凭证,是会计核算的原始凭证,也是税务稽查的重要依据。发票按照其使用的范围不同分为增值税专用发票、普通发票和专业发票。一般纳税人企业开具的是增值税发票(增值税专用发票和增值税普通发票),小规模纳税人企业开具的是增值税普通发票。发票可分为手写版发票和电脑版发票。手写版发票将逐渐取消,而统一使用电脑版发票,所以不再介绍手写版发票的填制。电脑版发票有其具体软件设计及发票样式,同时要在发票联上加盖发票专用章方可有效。

(1)普通发票的开具。单位和个人填开发票时,必须按照规定的时限、号码顺序填开。填写时必须项目齐全、内容真实、字迹清楚,各联内容完全一致,并加盖单位发票专用章。

(2)增值税专用发票的开具。增值税专用发票为增值税一般纳税人、特殊规定的小规模纳税人及税务机关认定为增值税小规模纳税人代开时才使用。由于我国的增值税实行凭票抵税制度,因此这里的增值税专用发票已经不仅仅只是商业凭证,也是税款缴纳和抵扣的凭证。

2.收据

收据主要是指财政部门印制的盖有财政票据监制章的收付款凭证,用于行政事业性收付,即非应税业务。收据可以分为外部收据和内部收据。外部收据是指国家机关、事业单位、村级组织在按规定收取各种规定费用和服务费用时所开具的非经营性收据,是由国家财政部门统一印制或加盖监制章。内部收据主要是用于单位内部职工部门之间或职工之间的现金往来,及与外单位和个人之间的现金往来。在此,我们主要以内部收据为例,来讲解收据的使用,如图4-1所示。

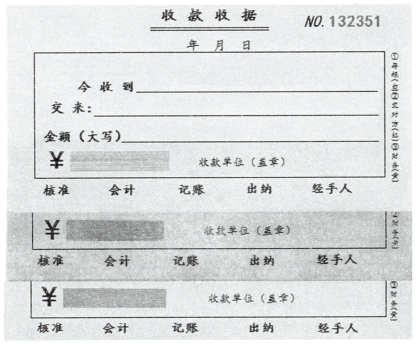

图4-1 内部收据

(1)收据的开具。收据一般是一式三联:第一联收据存根联,第二联是交给付款单位(或顾客),第三联是记账联。收据的填制步骤如下。

第一步,填写内容包括:入账时间、交款单位、金额、人民币大小写和收款事由,如北京惠民商贸有限公司于20××年01月10日收到赵阳押金500元,填写收款收据第一联,如图4-2所示。

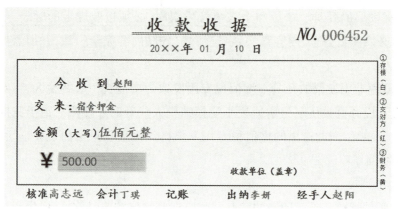

图4-2 第一联:存根联

第二步,第二联加盖单位财务专用章和现金付讫章,撕下并交由交款人,如图4-3所示。

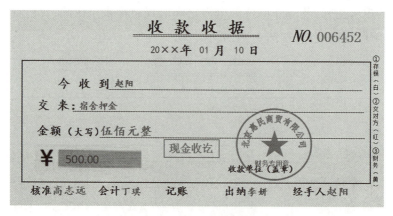

图4-3 第二联:客户联

第三步,第三联加盖"现金收讫"或"银行收讫"章,递交会计编制凭证。存根联仍留存在收据本上备查,第三联如图4-4所示。

(2)使用收据需要注意:收据只是企事业单位暂时收取或付出款项时的内部凭证,但与发票具有部分类似功能。①填写发生错误时,如果尚未将票据撕下,可以在出现错误的收据联各联次分别加盖"作废"印章后,重新开具;如果票据已经撕下后发现填错、取消或者被退回,应当将已经撕下的相同内容的全部票据收回,粘贴在收据本相同内容的存根联后面,并分别加盖"作废"印章。收据使用发生错填、取消或退回等失效情形时,要及

图4-4　第三联:记账联

时修改相关的数据记录。②整本数据使用完毕后,应当根据相关规定,与其管理人员进行交接、核验、登记并以旧换新,完整存档。

 案例拓展十三:

某公司为了便于业务员收款,将整本的空白收据都事先盖好了财务专用章,每人随身携带一本。但是公司业务员高某不慎丢失一张,并未及时告知公司。一个月后,公司收到法院传票。原来捡到空白收据的李某,在盖有其公司财务专用章的空白收据上写下:今收到××(李某的名字)借给某公司的现金10 000元,3天内归还。这张收据被李某伪造成向公司追讨债务的证据,公司也只好承担责任。

对于加盖了单位公章或者财务专用章的任何空白纸面,都有可能被利用。实际工作中,因为空白收据而发生经济纠纷的案件有很多,为了避免类似情况的发生,公司印章和收据的保管、使用必须分离,即同一个人,不能既持有收据又持有印章。针对发生的收入或付出业务,应逐笔开具相应的收据并盖章,另外对于空白收据的遗失也要及时登报注销。

(三)从银行提取现金业务处理流程

当单位需要现金时,可以按照有关规定到开户银行提取现金。提取现金业务的一般程序如下。

(1)填写并审核现金支票领用登记簿,如图4-5所示。现金支票领用登记簿是企业用来登记现金支票使用情况的记录表,它包含的主要内容有银行账户信息、领用日期、支票号码、摘要、金额、领用人、审批人、备注等。

(2)领用并填写现金支票。现金支票是由存款人签发,委托开户银行向收款人支付一定数额现金的票据。现金支票是支票的一种,是专门用于支取现金的。开户单位应按现金开支范围签发现金支票。

(3)审核背书现金支票。现金支票经过财务经理审核无误后,就可以在现金支票正

图 4-5 现金支票领用登记簿

联的出票人签章处以及反面的收款人签章处加盖银行预留印鉴。

（4）银行取现。到银行提取现金不需要存根联，存根联单独留存以备记账。出纳去银行提取现金时一般需要携带身份证，且由他人陪同，以保证现金的安全。提取现金之后离开银行之前要先确认提取的现金金额与现金支票填写金额是否一致。确认无误后方可离开银行。提取现金回到单位后应及时将现金存入保险柜。

（5）编制记账凭证。将支票存根粘贴在"费用单据粘贴单"后交于会计编制记账凭证（也可直接将支票存根粘贴在记账凭证背面，作为记账凭证附件）。

（6）登记账簿。根据审核无误的记账凭证登记现金日记账。

4.3 现金支出的管理（回复 cn0403 获取课程解析）

第三节 现金支出的管理

一 现金支出的内部控制

任何单位的现金支出主要是现金开支范围，它的控制关键是应有一定健全的审批制度与手续，只有经过审批的款项，并符合现金管理规定及现金使用范围内才能支付。现金支出的控制要点是内部控制。建立健全现金开支审批制度，是规范现金支出的重要依据。现金开支审批制度一般应包括以下内容：

（1）明确本单位现金开支的范围。各单位应按《现金管理暂行条例》及其实施细则的规定，确定本单位的现金开支范围，如支付职工工资、支付职工差旅费、支付职工因公借款、支付零星采购材料款和运杂费等。

（2）制定各种报销凭证，规定报销手续和办法。各单位应根据其业务内容制定各种报销凭证，如工资表、借款单、购料凭证、差旅费报销单等，并规定各种报销凭证的使用办法，以及各种凭证的传递手续，确定各种现金支出业务的报销办法。

(3) 确定各种现金支出的审批权限。各单位应根据其经营规模，内部员工职责分工等，确定不同额度和不同现金支出审批权限。比如：某企业规定，凡是现金开支额在500元以下的由财务主管审查批准；凡是现金开支额在500元以上的由公司最高领导人批准等。出纳员按所规定权限依据经审核批准并签章的付款凭证及其所附的原始凭证办理现金付款业务。没有经过审核批准并签章的或者有关人员超越规定审批权限的，出纳员不予付款。

(4) 必要的原始凭证。一切现金付款业务必须有原始凭证。由经办人填制报销凭证，并经主管人员审核同意签字，然后送财务部门审核认可后填制付款凭证，出纳员据以付款。对于已付讫的凭证，应在有关原始凭证加盖"现金付讫"戳记，以防止重复付款。

(5) 空白收据和发票保管。空白收据和发票应由非收款人和开票人员专人保管，并建立收据和发票的领用和核销制度。

二　备用金制度

备用金是指为了满足企业内部部门和职工个人经营活动的需要，而暂时付给有关部门和职工个人使用的备用现金。备用金的管理制度包括定额备用金制度和非定额备用金制度。

定额备用金，是指单位对经常使用备用金的内部各部门或职工个人，根据其零星开支、零星采购等的实际需要而核定一个现金数额，并保证其经常保持核定的数额。使用部门或职工个人按核定的定额备用金填写借款单，一次性领用全部定额现金，用后凭发票等有关凭证报销，出纳员将报销金额补充到原定金额，从而保证部门或职工个人经常保持核定的现金定额，直到撤销定额备用金或调换经办人时才全部交回备用金。

非定额备用金，是指单位对不经常使用备用金的内部各部门或职工个人，根据每次业务所需备用金的数额填制借款单，向出纳员预借的现金。备用金使用后，凭发票等原始凭证一次性到财务部门报销，多退少补，一次结清，下次再用时重新办理借款手续。

为了监督和反映备用金的领用和使用情况，在"其他应收款"账户下设置"备用金"明细科目反映。

三　现金支出业务处理流程

在实务中，单位支出现金的情况不同，其程序也不一样，主要有主动支付现金、被动支付现金和向银行送存现金这三种情况。

(一) 企业主动支付现金业务的处理流程

1. 主动支付现金业务处理流程

主动支付，是指出纳员主动将现金付给收款单位或个人，如发放工资、奖金、津贴及福利等现金支出。具体处理流程如下：

（1）根据有关的资料编制付款单，并计算出付款金额。

（2）出纳根据付款单清点现金（不足的部分应从银行提取），按单位或个人分别装袋。

（3）根据审批后的付款单，现金发放时，如果直接发放给收款人，要当面清点并由收款人签收（签字或盖章）；如果是他人代为收款，和收款人核实后由代收人签收。

（4）将付款单等资料传递给会计编制记账凭证。

（5）根据审核无误的记账凭证登记现金日记账。

2. 相关凭证的编制

工资表是每个单位每月用来发放工资而制定的表单，可以按部门、按车间核算，属于企业内部单据，没有固定的格式。工资表主要包括人员名称、所在部门、基本工资、加班工资、奖金、其他津贴补助等、应扣工资（指考核类未达标的扣除数）、应发工资、社会保险（个人缴纳部分由公司从工资中代扣）、公积金（个人缴纳部分由公司从工资代扣）、个人所得税（由公司从工资中代扣）、其他代扣款、实发工资。其中，应发工资等于加班工资加奖金加其他津贴补助等减去应扣工资。代扣的款项是由企业按国家规定的基准和比例计算，如社会保险费。

自2019年01月01日起个人所得税采用按月预扣预缴申报，需先计算出累计应纳税所得额，具体计算方法如下：

累计应纳税所得额＝累计收入－累计免税收入－累计减除费用－累计专项扣除－累计专项附加扣除－累计其他扣除

累计应纳税额＝累计应纳税所得额×适用税率－速算扣除数

应（补）退税额＝累计应纳税额－累计减免税额－已预缴税额

实发工资＝应发工资－社会保险（个人缴纳部分）－公积金（个人缴纳部分）－个人所得税（从工资中代扣额）－其他代扣

其中，累计减除费用，按照5 000元/月乘以纳税人当年截至本月在本单位的任职受雇月份数计算。

个人所得税预扣税率表，如表4－1所示。

表4－1　个人所得税预扣税率表一

（居民个人工资、薪金所得预扣预缴适用）

级数	累计预扣预缴应纳税所得额	预扣率（%）	速算扣除数
1	不超过36 000元	3	0
2	超过36 000元至144 000元的部分	10	2 520
3	超过144 000元至300 000元的部分	20	16 920
4	超过300 000元至420 000元的部分	25	31 920
5	超过420 000元至660 000元的部分	30	52 920
6	超过660 000元至960 000元的部分	35	85 920
7	超过960 000元的部分	45	181 920

工资表样如图4－6所示。

20××年××月工资表（样表）

编制单位： 单位：元

工号	姓名	身份证	工资部分					代缴社会保险费公积金							税前工资	全年累计工资	专项附加扣除合计	累计预缴个税	代缴个税	实发工资	签字
			基本工资	其他补贴	奖金	其他扣款	合计	养老保险	医疗保险	工伤保险	生育保险	失业保险	公积金	合计							
1																					
2																					
3																					
4																					
5																					
6																					
7																					
8																					
9																					
10																					
11																					
12																					
13																					
14																					
15																					
16																					
17																					
18																					
合计																					

审批： 复核： 会计： 制表人：

图4－6 工资表表样

（二）企业被动支付现金业务的处理流程

1. 被动支付现金业务的处理流程

被动支付，是指收款单位或个人持有凭据到出纳部门领取现金，出纳人员根据相关规定和凭证支付现金。其处理流程如下：

（1）受理原始凭证，如报销单据、借据、其他单位和个人的收款收据等。

（2）审核原始凭证，看其有关内容是否填列完整，手续是否完备，是否符合付款标准。

（3）支付现金并进行复点，并要求收款人当面点清，以避免发生纠纷。

（4）在审核无误的付款凭证上加盖“现金付讫”印章。

（5）将支付完毕的原始凭证传递给会计填制记账凭证。

（6）出纳根据审核无误的记账凭证登记现金日记账。

2. 相关凭证的填制

被动支付现金业务有关的原始凭证主要包括从外单位取得的发票和收据、单位内部员工因出差等事由的借款单、费用报销单、差旅费报销单等。

（1）员工借款。员工借款有很多种情况，如预借差旅费、零星采购等。借款一般要填写借款单或者现金支出凭证。借款单一般适用于单位内部员工为购买零星办公用品或出差等原因而向财务部借款等事项。借款单属于企业内部自制的单据并没有特定的格式，可以到商店统一购买，也可以由企业自行编制，如图4－7所示。

借款的流程。第一步：审核付款。出纳收到借款人的借款单，应根据公司的借款制度，审批借款单是否填写完整，审批手续是否齐全。审批借款单需要审批借款日期、借款部门、姓名、借款事由、借款金额和审批签字。

一般情况下，借款单填写审批手续是先由部门经理审核，然后交财务审核，最后再经过分管领导如总经理、副总经理审核。审核无误后，出纳将借款金额付给借款人时，需要求借款人当面点清。出纳付完款后在借款单上盖“现金付讫”章，说明该款项已经办理完毕，以免重复支付。

借 款 单

所属部门		借款日期		借款人		
借款理由						财务入账联
借款金额（大写）				（小写）		
公司领导审批意见		财务负责人审批意见		部门经理审批意见		
备注：						

图4-7 借款单

第二步:登记现金日记账,并将借款单交于制单会计记账。出纳交付现金后,应及时登记现金日记账,以避免漏记、重复支付的情况出现。

第三步:登记借款明细台账。出纳在实务中,为了防止借条的丢失及快速查询借款信息。应建立借款台账(可以用Excel来建立),如图4-8所示。借款台账记录了借款人的姓名、借款事由、借款金额及时间等信息。通过借款台账,可以清楚地看到员工借款情况,更好地跟踪和管理。员工借款后,出纳应及时登记台账,并在平时根据台账对员工借款情况实时进行跟踪。对于长时间未销的借条应给予重视,必要时应提醒借款人。

员工借款明细账

所属期间：　　　　　　　　　　　　　　　　　　　　　　单位：元

编号	姓名	部门	事由	借款金额	借款日期	还款金额	还款日期	余额	备注

制表人：

图4-8 员工借款台账

第四步:员工还款一般都是以报销形式为主,先报销后还款。还款时,出纳根据台账核实该笔借款,然后开具收据给对方作为还款证明并在借款台账上核销该笔借款。

需要注意的是:向公司借款,一般借款单是不退回借款人或者销毁的。因为借款单作为记载业务中某一个环节的凭证,如果退回或者销毁,那么在后期查账的时候,由于没有后附凭证,将不能将借款业务痕迹显示出来。故在实务中,向公司借款,一般是借款时填写借款单,还款时开具两份收据,一份交借款人留存,一份交会计记账作为核销借款的凭据。

第五步:出纳登记现金日记账,并将单据转交会计制单。

（2）员工报销。报销业务是指企业在日常经营活动中发生的以报销方式结算的各种业务，包括报销差旅费、办公费、业务招待费等。报销业务是出纳日常工作中最常见也是最频繁的业务之一，故出纳必须掌握报销业务的流程和内容。

报销业务离不开报销单，报销单是员工与工作相关的事项发生款项支出后进行报销时使用的单据。报销单是企业内部自制单据，同样费用报销单也没有特定的格式，可以统一购买，也可以由企业自行编制，如图4-9所示。

图4-9 费用报销单

费用报销流程。第一步：填写报销单。报销单一般由报销人填写，报销单的填写主要包括填报日期、姓名、部门、报销项目、摘要、金额和附件的张数。

第二步：粘贴票据。报销人填写完报销单后，需要先将相关发票粘贴在"原始凭证粘贴单"上后再粘贴在报销单后面，如图4-10所示。

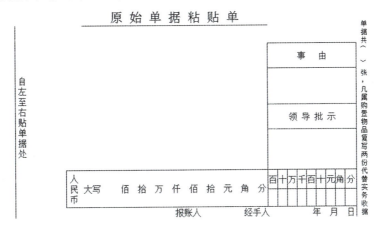

图4-10 原始单据粘贴单

由于发票的种类很多，不同发票的大小会有所差异，如果将票据粘贴的不好将会导致后期凭证装订后不美观、易散等情况，所以在粘贴票据时也需要一定的技巧。首先将票据分类整理，粘贴时从左到右进行均匀粘贴，票据上胶水均匀涂抹，保证上、下、右三面不出粘贴单的边。如果票据过大可以按照粘贴单的大小进行折叠以确保其在粘贴范围内。

第三步：领导审批。报销人填写好报销单并粘贴好票据后，需要找领导审批签字。在实务工作中，每个企业的报销审批制度是不同的，具体审批签字流程根据企业内部相关流程进行。对于报销单的审批一般是先通过部门经理审核，再由财务人员审核最后再由分管领导审批。

第四步：审核付款。出纳审核付款这个环节是整个报销流程中的<u>工作重点</u>。出纳收到报销单时，必须要核实报销单上的要素是否完整，手续是否齐全，附件是否合法，金额是否合理。审核报销单时需要审核报销日期、报销人、所属部门、报销项目、摘要、金额、附件和审批签字。

需要注意的是，实务中报销时，<u>一些单位是先由会计生成凭证再由出纳报销，也有一些单位是出纳先报销后生成凭证</u>。如果是先生成记账凭证后报销，这时出纳需要对记账凭证、报销单和原始单据粘贴单上的金额与报销项目的金额是否一致、领导审批签字是否齐全进行重点审核，如果不一致，一律不予报销。如果是由出纳先报销，会计后制单，出纳需要审核报销单和原始单据粘贴单上的报销日期、报销项目、附件、金额与报销项目金额是否一致、领导审批签字是否齐全，并且要重点审核原始票据，对于所附发票不是开给本公司，所附票据金额和报销单金额不一致或审批签字不齐全的，一律不予报销。报销后，出纳将凭证转于会计制单后，注意审核记账凭证是否和报销项目和金额一致。

出纳审核无误时，需要先让报销人在报销单的右下角"报销人"或"领款人"处签字，若是先生成记账凭证的，在记账凭证右下角"收款人"或"经办人"处签字后。才能当面将报销款付给报销人，付款时要求收款人当面复点。<u>报销完成后出纳在报销单或记账凭证上盖上"现金付讫"章并盖上自己的签章，证明报销款项已支付完毕，防止重复支付</u>。

第五步：登记现金日记账。出纳付款完成后，及时登记现金日记账。

需要特别说明的是差旅费报销单，如图4－11所示。差旅费报销单是单位出差人员根据车(机)票、住宿发票等外来原始凭证填制的、用来报销差旅费和出差补贴费的原始凭证，它是费用报销单的一种特殊形式。出差人员出差归来根据取得票据如实填写报销单的有关内容，如出差事由、出差起止日期、车船及住宿单据种类与张数等，并将有关车票、机票、住宿发票等原始单据粘贴在差旅费报销单背后。经所在部门和单位有关领导审查签字后，送财务部门，财务部门有关人员审查单据是否真实、合法，按照本单位差旅费开支管理办法计算应报销的交通费金额、伙食补助费、住宿费补贴等，对差旅费进行结算，编制会计凭证后交由出纳办理现金支付。

(三)将现金送存银行业务流程

各单位必须按照开户银行核定的库存限额保管、使用现金，对当天收入的现金或超过库存限额的现金，应及时送存开户银行。其处理流程如下：

(1)<u>整理票币</u>。送款前，出纳员应将送存款清点整理，按币别、币种分开。

(2)<u>填写缴款单</u>。款项清点整齐并核对无误后，出纳员填写"现金缴款单"。不同银

第四章 现金结算业务

差旅费报销单

部门：									日期： 年 月 日填		
姓名			职别				出差事由				
出差起止日期 自 年 月 日起至 年 月 日止									共 天 附单据		
日期		起讫地点		飞机车船费	住宿费	杂费	途中补助			住宿补助			小计
月	日	起	止				天数	标准	金额	天数	标准	金额	
合计													
总计金(大写) 万 仟 佰 拾 元 角 分 ¥ 元								预支 元			应退(补) 元	
主管： 会计： 出纳： 部门主管： 报销人：												

图 4-11 差旅费报销单

行现金交款单的具体格式不同,但基本内容相同,一般是一式三联。现金交款单需从银行领取。实务中,<u>不同银行可能会提供现金缴款单、现金存款单或现金解款单,这三种现金存款单的格式虽然有所差异,但是作用都是一样的</u>。建设银行现金交款单如图4-12所示。

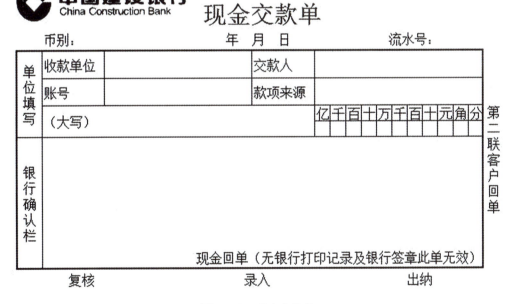

图 4-12 现金交款单

现金交款单的填制内容包括时间、收款人户名(要填写全称)、账号、开户行、交款人、款项来源、币别、金额的大小写及票面张数等。

(3)向银行提交交款单和整理好的票币。票币要一次性交清,当面清点,如有差异,应当面复核。

(4)开户行受理核对后盖上业务受理章,并将回单交于存款单位,表示款项已收妥。

现金交款单回单如图4-13所示。

图 4-13 取得现金交款单回单

（5）出纳将"现金交款单"的回单，传递给会计编制记账凭证。

（6）根据审核无误的记账凭证登记现金日记账。

需要注意的是送存途中必须注意安全，送存金额较大的款项时，最好用专车并派人陪护。在交款等待时，应做到钞不离手以防止发生意外。

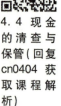

4.4 现金的清查与保管（回复cn0404 获取课程解析）

第四节 现金的清查与保管

一 现金的清查

现金是单位最活跃的一项资产，为了保护单位财产物资的安全完整，保证会计核算资料的客观真实性，应该对现金进行日常和不定期的清查审核。所谓日常，就是出纳员对于库存现金必须做到每天的日清月结。所谓不定期，是指事先不规定清查时间，由专人组成清查小组对库存现金所进行的突击财产清查，重点应放在账款是否相符、有无白条抵库、有无私借公款、有无挪用公款、有无账外资金等违法违纪行为。

（一）日常清查

每天工作结束必须进行对账，如出现差错，首先要看差数的多少及其特点，然后确定查找方法。如当天出纳收付数与记账收付数不符就可以确定现金保管出现差错。

(二)不定期清查

现金的清查,主要是采用实地盘点法,即通过清点票数来确定现金的实存数,然后以实存数与现金日记账的账面余额进行核对,以查明盈亏情况。库存现金的盘点应由清查小组会同出纳员共同负责,一般在当天业务结束或开始之前进行,由出纳员亲点现金,清查小组人员和会计主管监看,注意清查时不得以"白条"抵充库存现金,盘点结果要填入"现金盘点报告单",并由清查人员、会计主管和出纳员签章。"现金盘点报告单"兼有盘存单和账存实存对比表的作用,是反映现金实有数和调整账簿记录的重要原始凭证。

现金盘点报告单一般格式如图 4-14 所示。

现金盘点报告单

清 点 现 金			核 对 账 目		备 注
货币面额	张 数	金 额	项 目	金 额	
			现金账面余额		
			加:收入凭证未记账		
			减:付出凭证未记账		
			调整后现金账余额		
			盘盈(+)		
			盘亏(+)		
合 计			折合人民币		

图 4-14 现金盘点报告单

如果进行现金清查后,发现账面金额和实存金额不相符,即出现了"错款"。如果现金实存多于账上结存款就是"长款";反之则是"短款"。出现这些工作差错应及时查清原因,正确处理。如果违反现金管理有关规定的,应及时予以纠正;如果属于账实不符的,应查明原因并将"短款"或"长款"先计入"待处理财产损溢"账户,待查明原因后根据情况分别处理:①属于记账差错的应及时予以更正;②无法查明原因的长款应计入营业外收入;③无法查明原因或由出纳员失职造成的短款通常由出纳员赔偿。

二 现金的保管

现金的保管,主要是指对每日收取的现金和库存现金的保管。现金是流动性最强的资产,可直接使用,因而现金是犯罪分子谋取的最直接的目标。因此,各单位应建立健全现金保管制度,防止由于制度不严、工作疏忽而给犯罪分子可乘之机,给国家和单位造成损失。其保管主要注意以下几个方面:

(1)要有专人保管库存现金。现金保管的责任人是出纳及其他所属单位的兼职出纳。出纳应聘请诚实可靠、工作责任心强、业务熟练的人员担任。出纳应保持相对的稳定性以提高其业务熟练程度。

（2）送取现金要采取一定安全措施。

（3）库存现金包括纸币和铸币，应实行分类保管。各单位的出纳人员对库存票币应分别按照纸币的票面金额和铸币的币面金额以及整数和零数分类保管。

（4）库存现金存放的安全措施。现金的保管要有相应的安保措施，重点是财务室（出纳办公室）和保险柜。每日终了后，出纳应将其使用的空白支票、银行收据、印章等放入保险柜内。保险柜内存放的现金应设置和登记现金日记账，其他有价证券、存折、票据等应按种类造册登记，贵重物品应按种类设置备查簿，登记其品质、重量、金额等。所有财物应与账簿记录核对相符。

三 有价证券的保管

有价证券是一种具有储蓄性质的、可以最终兑换成现金的票据，种类较多，目前我国发行的有价证券有国库券、国家重点建设债券、地方债券、金融债券、企业债券和股票等。有价证券的变现能力很强，具有现金相同的性质和价值。所以，企业持有的有价证券（包括记名的和不记名的）必须由出纳按照与货币资金相同的要求进行管理。有价证券除法人认购的股票外，一般是不记名的，所以在保管上难度较大。出纳有保管现金的经验，并具有保护其安全的客观条件，因此是保管企业有价证券的最佳人选。有价证券必须由出纳分类整齐地摆放在保险柜内保管，切忌由经办人自行保管，此外，还要随时或定期进行抽查与盘点。

出纳对自己保管的各种有价证券的面额和号码应保守秘密。为了及时掌握各种证券的到期时间，出纳可以通过编制"有价证券购销明细表"来避免失误。"有价证券购销明细表"详细标明各种有价证券的购入与到期时间，也可以通过同时按证券种类和批次设置明细账并在摘要栏注明到期日的办法，来提供有价证券的购销时间。有价证券购销明细表如图 4-15 所示。

有价证券购销明细表

发行年度	期次	面额	利率	号码		合计金额	兑换日期			兑换本息		
				起	止		年	月	日	本金	利息	合计

图 4-15　有价证券购销明细表

第五章　银行结算业务

第一节　银行结算账户的分类

5.1 银行结算账户的分类（回复 cn0501 获取课程解析）

传统的非现金支付工具主要包括"三票一卡"和结算方式。"三票一卡"是指三种票据（汇票、本票和支票）和银行卡，结算方式包括汇兑、托收承付和委托收款。

票据和汇兑是我国经济活动中不可或缺的重要支付工具，被众多单位和个人广泛使用，并在大额支付中占主导地位；银行卡已成为我国个人使用最频繁的支付工具，在小额支付中占据主导地位；托收承付使用量越来越少。随着经济的日趋活跃，商业预付卡与国内信用证等其他支付工具也得到快速发展。近年来，随着互联网技术的纵深发展，网上银行、第三方支付等电子化支付方式产生并得到快速发展。我国已形成了以票据和银行卡为主体、以电子支付为发展方向的非现金支付工具体系。

一　银行结算账户的概念及种类

银行结算账户是指银行为存款人开立的办理资金收付结算的活期存款账户。其中，"银行"是指在中国境内经批准经营支付结算业务的银行业金融机构；"存款人"是指在中国境内开立银行结算账户的机关、团体、部队、企业、事业单位、其他组织（以下统称"单位"）、个体工商户和自然人。

银行结算账户按存款人不同分为单位银行结算账户和个人银行结算账户。存款人以单位名称开立的银行结算账户为单位银行结算账户。单位银行结算账户按用途分为基本存款账户、一般存款账户、专用存款账户、临时存款账户。个体工商户凭营业执照以字号或者经营者姓名开立的银行结算账户纳入单位银行结算账户管理。存款人凭个人身份证件以自然人名称开立的银行结算账户为个人银行结算账户。

财政部门为实行财政国库集中支付的预算单位在商业银行开设的零余额账户按基

本存款账户或专用存款账户管理。预算单位未开立基本存款账户,或者原基本存款账户在国库集中支付改革后已按照财政部门的要求撤销的,经同级财务部门批准,预算单位零余额账户作为基本存款账户管理。除上述情况外,预算单位零余额账户作为专用存款账户管理。

(一)基本存款账户

1. 基本存款账户的概念

基本存款账户是办理转账结算和现金收付的主办账户,经营活动的日常资金收付以及工资、奖金和现金的支取均可通过该账户办理。存款人只能在银行开立一个基本存款账户并且在其账户内应有足够的资金支付。存款人的基本存款账户,实行人民银行当地分支机构核发开户许可证制度。开立基本存款账户是开立其他银行结算账户的前提。

在我国,开立基本存款账户的存款人资格主要有:①企业法人;②非法人企业机关;③事业单位;④团级(含)以上军队、武警部队及分散执勤的支(分)队;⑤社会团体;⑥民办非企业组织(如不以营利为目的民办学校、福利院、医院);⑦异地常设机构;⑧外国驻华机构;⑨个体工商户;⑩居民委员会、村民委员会、社区委员会;⑪单位设立的独立核算的附属机构;⑫其他组织等。凡是具有民事权利能力和民事行为能力,并依法独立享有民事权利和承担民事义务的法人和其他组织,均可以开立基本存款账户。同时,有些单位虽然不是法人组织,但具有独立核算资格,有自主办理资金结算的需要,包括非法人企业、外国驻华机构、个体工商户、单位设立的独立核算的附属机构等,也可以开立基本存款账户。但是,单位内部的非独立核算机构不得开立基本存款账户。

2. 开户证明文件

(1)法人企业,应出具企业法人营业执照正本。

(2)非法人企业,应出具企业营业执照正本。

(3)机关和实行预算管理的事业单位,应出具政府人事部门或编制委员会的批文或登记证书和财政部门同意其开户的证明,因年代久远、批文丢失等原因无法提供政府人事部或编制委员会的批文或登记证书的,凭上级单位或主管部门出具的证明及财政部门同意其开户的证明开立基本存款账户。机关和实行预算管理的事业单位出具的政府人事部门或编制委员会的批文或登记证书商,有两个或两个以上的名称的,可以分别开立基本存款账户。非预算管理的事业单位,应出具政府人事部门或编制委员会的批文或登记证书。

(4)军队、武警团级(含)以上单位以及有关边防、分散执勤的支(分)队,应出具军队军级以上单位财务部门、武警总队财务部门的开户证明。

(5)社会团体,应出具社会团体登记证书,宗教组织还应出具宗教事务管理部门的批文或证明。

(6)民办非企业组织,应出具民办非企业登记证书。

(7)外地常设机构,应出具其驻在地政府主管部门的批文。对于已经取消对外地常设机构审批的省(市),应出具派出地政府部门的证明文件。

(8)外国驻华机构,应出具国家有关主管部门的批文或证明;外资企业驻华代表处、办事处,应出具国家登记机关颁发的登记证。

(9)个体工商户,应出具个体工商户营业执照正本。

(10)居民委员会、村民委员会、社区委员会,应出具其主管部门的批文或证明。

(11)单位附属独立核算的食堂、招待所、幼儿园,应出具其主管部门的基本存款账户开户许可证和批文。

(12)按照现行法律法规规定可以成立的业主委员会、村民小组等组织,应出具政府主管部门的批文或证明。

3.基本存款账户的使用

基本存款账户是存款人的主办账户,一个单位只能开一个基本存款账户。存款人日常经营活动的资金收付及其工资、奖金和现金支取,应通过基本存款账户办理。

案例拓展十四:

某公司刚成立,主要经营销售化妆品。受公司法定代表人王某的授权,公司财务人员李某携带相关开户证明文件到 M 银行办理基本存款账户开户手续。请问李某的开户证明文件应包括哪些?应办理哪些开户手续?

(二)一般存款账户

1.一般存款账户的概念

一般存款账户是存款人因借款或其他结算需要,在基本存款账户开户银行以外的银行营业机构开立的银行结算账户。存款人开立一般存款账户没有数量限制,但一般存款账户不能在存款人基本存款账户的开户银行开立。

2.开立证明文件

存款人申请开立一般存款账户,应向开户银行出具存款人开立基本存款账户所规定的证明文件、基本存款账户开户许可证和其他文件:①存款人因向银行借款需要开立一般存款账户的,应出具借款合同;②存款人因其他结算需要开立一般存款账户的,应出具有关证明。

3.一般存款账户的使用

一般存款账户用于办理存款人借款转存、借款归还和其他结算的资金收付。一般存款账户可以办理现金缴存,但不得办理现金支取。

(三)专用存款账户

1.专用存款账户的概念

专用存款账户是指存款人按照法律、行政法规和规章,对其特定用途资金进行专项管理和使用而开立的银行结算账户。

专用存款账户用于办理各项专用资金的收付,适用于基本建设资金,更新改造资金,财政预算外资金，粮、棉、油收购资金，证券交易结算资金，期货交易保证金，信托基金，金融机构存放同业资金，政策性房地产开发资金，单位银行卡备用金，住房基金，社会保障基金，收入汇缴资金和业务支出资金，党、团、工会设在单位的组织机构经费，其他需要专项管理和使用的资金。

2. 开户证明文件

根据《账户管理办法》第十九条的规定，存款人申请开立专用存款账户，应向银行出具其开立基本存款账户规定的证明文件、基本存款账户开户许可证和下列证明文件（同一证明文件只能开立一个专用存款账户）：

(1)基本建设资金、更新改造资金、政策性房地产开发资金、住房基金、社会保障基金，应出具主管部门批文。

(2)粮、棉、油收购资金，应出具主管部门批文。

(3)单位银行卡备用金，应按照中国人民银行批准的银行卡章程的规定出具有关证明和资料。

(4)证券交易结算资金，应出具证券公司或证券管理部门的证明。

(5)期货交易保证金，应出具期货公司或期货管理部门的证明。

(6)收入汇缴资金和业务支出资金，应出具基本存款账户存款人有关的证明。

(7)党、团、工会设在单位的组织机构经费，应出具该单位或有关部门的批文或证明。

(8)其他按规定需要专项管理和使用的资金，应出具有关法规、规章或政府部门的有关文件。

对于合格境外机构投资者在境内从事证券投资开立的人民币特殊账户和人民币结算资金账户，均纳入专用存款账户管理。其开立人民币特殊账户时应出具国家外汇管理部门的批复文件；开立人民币结算资金账户时，应出具证券管理部门的证券投资业务许可证。

3. 专用存款账户的使用

(1)单位银行卡账户的资金(备用金)必须由其基本存款账户转账存入。该账户不得办理现金收付业务。

(2)证券交易结算资金、期货交易保证金和信托基金专用账户不得支取现金。

(3)基本建设资金、更新改造资金、政策性房地产开发资金账户需要支取现金的，应在开户时报中国人民银行当地分支行批准。

(4)粮、棉、油收购资金，社会保障基金，住房基金和党、团、工会经费等专用存款账户支取现金应按照国家现金管理的规定办理。银行应按照国家对粮、棉、油收购资金使用管理的规定加强监督，不得办理不符合规定的资金收付和现金支取。

(5)收入汇缴资金和业务支出资金，是指基本存款账户人附属的非独立核算单位或派出机构发出的收入和支出的资金。收入汇缴账户除向其基本存款账户或预算外资金财政专用存款户划缴款项外，只收不付，不得支取现金。业务支出账户除从其基本存款账户拨入款项外,只付不收,其现金支取必须按照国家现金管理的规定办理。

(四)临时存款账户

1. 临时存款账户的概念

临时存款账户是存款人因临时需要并在规定期限内使用而开立的银行结算账户。因异地临时经营活动需要时,可以申请开立异地临时存款账户,用于资金的收付。

2. 临时存款账户的适用范围

(1)设立临时机构,如工程指挥部、筹备领导小组、摄制组等。

(2)异地临时经营活动,如建筑施工及安装单位等在异地的临时经营活动。

(3)注册验资、增资。

(4)军队、武警单位承担基本建设或者异地执行作战、演习、抢险救灾、应对突发事件等临时任务。

注意:存款人为临时机构的,只能在其驻地开立一个临时存款账户,不得开立其他银行结算账户;存款人在异地从事临时活动的,只能在其临时活动地开立一个临时存款账户;建筑工程及安装单位在异地同时承建多个项目的,可以根据建筑施工及安装合同开立不超过项目合同个数的临时存款账户。

3. 开户证明文件

(1)临时机构,应出具其驻在地主管部门同意设立临时机构的批文。

(2)异地建筑施工及安装单位,应出具其营业执照正本或其隶属单位的营业执照正本,以及施工及安装地建设主管部门核发的许可证或建筑施工及安装合同。外国及港、澳、台建筑施工及安装单位,应出具行业主管部门核发的资质准入证明。

(3)异地从事临时经营活动的单位,应出具其营业执照正本以及临时经营地工商行政管理部门的批文。

(4)境内单位在异地从事临时活动的,应出具政府有关部门批准其从事该项活动的证明文件。

(5)境外(含港、澳、台地区)机构在境内从事经营活动的,应出具政府有关部门批准其从事该项活动的证明文件。

(6)军队、武警单位因执行作战、演习、抢险救灾、应对突发事件等任务需要开立银行账户时,开户银行应当凭军队、武警团级以上单位后勤(联勤)部门出具的批件或证明,应予开户并同时启用,后补办相关手续。

(7)注册验资资金,应出具工商行政管理部门核发的企业名称预先核准通知书或有关部门的批文。

(8)增资验资资金,应出具股东会或董事会决议等证明文件。

上述第(2)(3)(4)(8)项还应出具基本存款账户开户许可证,外国及港、澳、台地区建筑施工及安装单位除外。

4.临时存款账户使用应注意的事项

临时存款账户应根据有关开户证明文件确定的期限或存款人的需要确定其有效期限。存款人在账户的使用中需要延长期限的,应在有效期限内向开户银行提出申请,并由开户银行报中国人民银行当地分支行核准后办理延期,并由该分支行收回原临时存款账户开户许可证,颁发新的临时存款账户开户许可证。中国人民银行当地分支行不核准延期申请的,存款人应当及时办理该临时存款账户的撤销手续。临时存款账户的有效期最长不得超过两年。临时存款账户支取现金,应按照国家现金管理的规定办理。注册验资的临时存款账户在验资期间只收不付,注册验资资金的汇缴人应与出资人的名称一致。临时存款账户支取现金,应按照国家现金管理的规定办理。

 案例拓展十五:关于银行结算账户的类别的场景故事,如图 5-1 所示。

图 5-1 备用金的提取

二 银行结算账户的开立、变更和撤销

随着企业的成立、变更、注销,必将涉及银行账户的开立、变更和撤销等问题,所以出纳应掌握银行账户管理的相关内容。

(一)银行账户的开立

1.开立银行账户的条件

企业可根据实际需要到银行开立相应的企业银行账户,以便开展经济业务。

(1)办理日常结算、现金支取,需要开立基本存款账户。

（2）用于办理存款人借款转存、借款归还和其他结算的资金收付，需要开立一般存款账户。

（3）用于办理各项专用资金的收付，如基本建设资金、信托基金等专项管理和使用的资金，需要开立专用存款账户。

（4）因异地临时经营活动需要时，可以申请开立异地临时存款账户。

2. 开立手续

企业开立基本存款账户的流程如图5-2所示。

图5-2　开立基本存款账户流程

（1）准备好所有证件，一定要带正本和副本，必须是原件，且要在年检合格时间内（实务工作中，需先咨询开户银行准备好相关证件）。

（2）在银行柜面填写"开立单位银行结算账户申请书"，签署相关协议，如对账协议、账户管理协议等，并加盖单位公章和法定代表人（单位负责人）或其授权代理人的签名或者盖章。

（3）加盖预留印鉴，银行应建立存款人预留签章卡片，并将签章式样和有关证明文件的原件或复印件留存归档。存款人为单位的，其预留签章为该单位的公章或财务专用章加其法定代表人（单位负责人）或其授权的代理人的签名或者盖章。存款人为个人的，其预留签章为个人的签名或者盖章。预留印鉴需要加盖财务专用章和指定私章（可以是法人也可以是财务人员），主要用于购买支票与支付业务。

（4）上述几个流程完结后，银行会把相关公司资料录入系统，生成开户单位基本户的账号。按规定，商业银行会把生成的账户录入到人民银行系统，和开户资料一起报送当地人民银行分支行备案。

（5）在中国人民银行分支行进行备案后，银行会打印一张企业开户证明，这就表示基本存款账户开立成功。完成基本存款账户开立后，可直接办理日常转账和现金收付业务。

注意：开户时，开户银行对存在法定代表人或者负责人对单位经营规模及业务背景等情况不清楚、注册地和经营地均存在异地等情况的单位，银行应当与其法定代表人或者负责人面签银行结算账户管理协议，并留存视频、音频资料等，开户初期原则上不开通非柜面业务，待后续了解后再审慎开通。银行为存款人开通非柜面转账业务时，双方应签订协议，约定非柜面渠道向非同名银行账户和支付账户转账的日累计限额、笔数和年累计限额等，超出限额和笔数的，应到银行柜面办理。

开立银行账户申请书的格式如图5-3所示。银行预留印鉴卡的样板如图5-4所示。开户许可证的版式如图5-5所示。

开户单位银行结算账户申请书

交易代码：		申请日期： 年 月 日		编号：	
银行打印					
存款人名称				电话	
地址				邮编	
存款人类别		组织机构代码			
法定代表人（ ）	姓名				
单位负责人（ ）	证件种类		证件号码		
行业分类	A（ ）B（ ）C（ ）D（ ）E（ ）F（ ）G（ ）H（ ）I（ ）J（ ）K（ ）L（ ）M（ ）N（ ）O（ ）P（ ）Q（ ）R（ ）S（ ）T（ ）				
注册资金		地区代码		经营范围	
证明文件种类			证明文件编号		
税务登记证编号					
账户性质	基本（ ）一般（ ）专用（ ）临时（ ）验资/增资（ ）				
资金性质		有效日期至		年 月 日	
支取方式	凭印鉴支取	凭密码支取		备注	
以下为存款人上级法人或主管单位信息：					
上级法人或主管单位名称					
法定代表人（ ）	姓名				
单位负责人（ ）	证件种类		证件号码		
以下栏目由开户银行审核后填写：					
开户银行名称		开户银行代码			
账户名称		账号			
基本存款账户开户许证核准号		开户日期			
本存款人申请开立单位银行结算账户，并承诺所提供的开户资料真实、有效。 存款人（公章） 法定代表人或 负责人（签章） 年 月 日		开户银行审核意见： 经办人（签章）： 主办会计（签章）： 银行（签章）： 年 月 日			
中国人民银行审核意见： （非核准类账户除外）	经办人（签章）：		中国人民银行（签章）： 年 月 日		

填表说明：

1. 申请开立临时存款账户，必须填列有效日期；申请开立专用存款账户，必须填列资金性质。
2. 该行业标准由银行在营业场所公告，"行业分类"中的字母代表行业种类如下：A.农、林、牧、渔业；B.采矿业；C.制造业；D.电力、燃气及水的生产供应业；E.建筑业；F.交通运输、仓储和邮政业；G.信息传输、计算机服务及软件业；H.批发和零售业；I.住宿和餐饮业；J.金融业；K.房地产业；L.租赁和商务服务业；M.科学研究、技术服务业和地质勘查业；N.水利、环境和公共设施管理；O.居民服务和其他服务业；P.教育业；Q.卫生、社会保障和社会福利业；R.文化、教育和娱乐业；S.公共管理和社会组织；T.其他行业。
3. 带括号的根据选项在括号内填"√"。
4. 本申请书一式三联，一联开户行留存，一联中国人民银行当地分支行留存，一联存款人留存。

图5-3 开户单位银行结算账户申请书

注意：印鉴卡片上的户名必须和企业单位的名称一致，应该在印鉴卡上预留签章为该单位的公章或财务专用章加其法定代表人（单位负责人）或其授权的代理人的签名或者盖章，这样银行在以后为单位办理结算业务时，会根据在印鉴上的预留印鉴来审核所办业务凭据上签章印鉴痕迹的真伪，若是与预留印鉴不符，银行则会拒绝办理相关结算业务。

中国银行股份有限公司印鉴卡　　　　NO:

户名		账号	
地址		币种	
联系人		账户性质	
联系电话		是否通兑	□通兑 □不通兑
预留银行签章式样		使用说明	
		启用日期：年月日	
		注销日期：年月日	

网点经办：　　　网点复核：　　　建库经办：　　　建库复核：

图 5-4　银行预留印鉴卡

图 5-5　开户许可证

 案例拓展十六：开立银行基本存款账户的场景故事，如图 5-6 所示。

图 5-6　银行基本存款账户的开立

（二）银行账户的变更

1. 办理变更银行账户的情况

凡是企业在开户时提交给银行的企业信息发生改变的，都需要申请更换银行账户信息。具体信息包括<u>企业名称</u>、<u>企业法定代表人</u>、<u>基本存款账户</u>、<u>银行预留印鉴</u>、<u>公司地址</u>等。

2. 变更手续

（1）到开户行领取变更银行结算账户申请书。需要注意的是，存款人更改名称，但不改变开户银行及账号的，应于<u>五个工作日</u>内向开户银行提出银行结算账户变更申请并提供有关部门的证明文件。单位法定代表人或主要负责人、住址以及其他开户资料发生变更时，应于<u>五个工作日</u>内书面通知开户银行并提供有关证明。

（2）存款人将填写完整并加盖单位公章的申请书及变更所需资料交给银行。

（3）银行审核通过，银行账户变更完成。

变更银行结算账户申请书的格式如图 5-7 所示。

变更银行结算账户申请书

账户名称			
开户银行代码		账号	
账户性质	基本（ ）专用（ ）一般（ ）临时（ ）个人（ ）		
开户许可证核准号			
变更事项及变更后内容如下：			
账户名称			
地址			
邮政编码			
电话			
注册资金金额			
证明文件种类			
证明文件编号			
经营范围			
法定代表人或单位负责	姓名		
	证件种类		
	证件号码		
关联企业	变更关联企业信息填列在"关联企业登记表"中		
上级法人或主管单位的基本存款账户核准号	姓名		
上级法人或主管单位的名称	证件种类		
上级法人或主管单位法定代表人或单位负责人	证件号码		
本存款人申请变更上述银行账户内容，并承诺所提供的资料真实、有效 存款人（签章） 年 月 日	开户银行审核意见： 经办人（签章） 开户银行（签章） 年 月 日	人民银行审核意见： 经办人（签章） 人民银行（签章） 年 月 日	第一联 存款人留存

填表说明：
1. 存款人申请变更核准类银行结算账户的存款人名称、法定代表人或单位负责人的，中国人民银行当地分支行应对存款人的变更申请进行审核并签署意见。
2. 填表说明：带括号的选项填"√"（一式三联，两联开户行留存，一联人民银行当地分支行留存）。

图 5-7 变更银行结算账户申请书

（三）撤销银行账户

撤销是指存款人因开户资格或其他原因终止银行结算账户使用的行为。存款人申请撤销银行结算账户时，应填写撤销银行结算申请书。银行在收到存款人撤销银行结算账户的申请后，对于符合销户条件的，应在两个工作日内办理撤销手续。存款人撤销银行结算账户，必须与开户银行核对银行结算账户存款余额，交回各种重要空白票据及结算凭证和开户许可证，银行核对无误后方可办理销户手续。

1. 办理银行账户撤销的情况

（1）存款主体被撤并、解散、宣告破产或停业关闭的。

（2）因时间关系必须终止账户使用的（如临时存款账户）。

（3）因迁址需要变更开户银行的。

（4）注销、被吊销营业执照及其他原因需要撤销银行结算账户的。

开户单位因关、停、并、转等原因，向银行提出撤销账户申请。销户申请经银行审查，并核对其存、贷款账户后，予以办理销户手续。开户银行应在企业提出撤销账户申请之日起七日内向当地人民银行申报，并收回销户者的"开户许可证"正、副本。现行《银行账户管理办法》规定："开户银行对 1 年（按对月对日计算）未发生收付活动的账户，应通知存款人自发出通知之日起 30 日内办理销户手续，逾期视同自愿销户。"

2. 办理撤销手续

（1）存款人到开户行领取撤销银行结算申请书。

（2）存款人将填写完整并加盖单位公章的申请书及相关资料送交开户银行。

（3）银行申请通过，银行账户撤销完成。

撤销银行结算申请书，如图 5-8 所示。

图 5-8 撤销银行结算申请书

 **案例拓展十七:**

某公司股东自开设单位银行账户,将500万元公款转至私设的十个账户内,存入三个月定期,并获取利息3.2万余元。随后将本金归还。后又将钱款拆借给其他公司并从中获利,挪用公款高达千万。

上述案例警示:企业的货币资金绝大多数都是通过银行账户进行划转的,企业的经营、筹资和投资活动都离不开银行账户。因此,加强银行账户管理,对保障企业货币资金安全非常重要。从该案例来看,员工私设单位银行账户,这些账户的资金活动在企业财务账上没有反映,员工利用这些账户挪用资金和从事不法活动。而且,多年查账也未发现这些账户,也无人去核对,这些都暴露出该企业在银行账户管理上的漏洞。

5.2 银行卡业务(回复 cn0502 获取课程解析)

第二节　银行卡业务

一、银行卡的概念和分类

(一)银行卡的概念

银行卡是指经批准由商业银行(含邮政金融机构)向社会发行的具有消费信用、转账结算、存取现金等全部或部分功能的信用支付工具。

(二)银行卡的分类

按不同标准,可以对银行卡做不同的分类。

(1)按是否具有透支功能,银行卡可分为信用卡和借记卡,前者可以透支,后者不具备透支的功能。信用卡按是否向发卡银行交存保证金分为贷记卡和准贷记卡两类。贷记卡是指发卡银行给予持卡人一定的信用额度,持卡人可在信用额度内先消费、后还款的信用卡。准贷记卡是指持卡人须先按发卡银行要求交存一定金额的备用金,当备用金账户余额不足支付时,可在发卡银行规定的信用额度内透支的信用卡。借记卡的主要功能包括消费、存取款、转账、代收付、外汇买卖、投资理财、网上支付等。按功能不同借记卡分为转账卡(含储蓄卡)、专用卡和储值卡。转账卡是实时扣账的借记卡,具有转账结算、存取现金和消费功能。专用卡是具有专门用途、在特定区域使用的借记卡,具有转账结算、存取现金的功能。

(2)按币种不同分为人民币卡、外币卡。外币卡是持卡人与发卡银行以除人民币以外的货币作为清算货币的银行卡。目前国内商户可受理VISA(维萨)、Master Card(万事达)、American Express(美国运通)、Diners Club(大来)等外币卡。

(3)按发行对象不同分为单位卡(商务卡)和个人卡。

(4)按信息载体不同分为磁条卡和芯片(IC)卡。芯片(IC)卡既可应用于单一的银行卡品种,又可应用于组合的银行卡品种。

二 银行卡账户和交易

(一)银行卡的申领、注销

(1)银行卡及其账户只限经发卡银行批准的持卡人本人使用,不得出租和转借。

(2)单位人民币卡账户的使用要求:①单位人民币卡账户的资金一律从其基本存款账户转账存入,不得存取现金,不得将销货收入存入单位卡账户;②单位外币卡账户的资金应从其单位的外汇账户转账存入,不得在境内存取外币现钞;③严禁将单位的款项转入个人卡账户存储。

(3)银行卡销户。持卡人在还清全部交易款项、透支本息和有关费用后,可申请办理销户。销户时,单位人民币卡账户的资金应当转入其基本存款账户,单位外币账户的资金应当转回其相应的外汇账户,不得提取现金。

(二)银行卡交易的基本规定

单位人民币卡可办理商品交易和劳务供应款项的结算,不得透支、不得提现。发卡行应当对持卡人在自助柜取款进行设定:每卡每日累计提款不得超过2 000元人民币。同一持卡人单笔透支发生额:①个人卡不得超过2万元;②单位卡不得超过5万元;③准贷记卡的透支期限最长为60天;④贷记卡的首月最低还款额不得低于其当月透支余额的10%;⑤追偿透支款项和诈骗款项的途径:扣减持卡人保证金;依法处理抵押物和质押物;向保证人追索透支款项;诉讼。

(三)银行卡计息和收费

1.计息

准贷记卡及借记卡(不含储值卡)账户内的存款,按照中国人民银行规定的同期同档次存款利率及计算办法计付利息。发卡银行对贷记卡账户的存款、储值卡(含IC卡的电子钱包)内的币值不计付利息。

(1)免息还款期待遇。免息还款期最长为60天。

(2)最低还款额待遇。持卡人在到期还款日前偿还使用全部银行款项有困难的,可按照发卡银行规定的最低还款额还款。

(3)贷记卡持卡不享受免息还款期待遇的情况如下:①选择最低还款额方式或超过发卡银行卡的;②支取现金、准贷记卡透支的。

(4)贷记卡透支按月计收复利,准贷记卡投资按月计收单利,透支利率为日利率万分之五。

2. 收费

(1) 商业银行办理银行卡收单业务应当按照下列标准向商户收取结算手续费：宾馆、餐饮、娱乐、旅游等行业不得低于交易金额2%，其他行业不得低于交易金额的1%。

(2) 持卡人在他行自动取款机取款应向发卡行按规定标准缴纳手续费。

持卡人在其领卡城市内取款，每笔交易手续费不得超过2元人民币；持卡人在其领卡城市以外取款，每笔交易手续费为2元加取款金额的0.1%~5%（由发卡银行确定）。

（四）银行卡收单

1. 银行卡收单业务概念

银行卡收单业务，是指收单机构与特约商户签订银行卡受理协议，在特约商户按约定接受银行卡并与持卡人达成交易后，为特约商户提供交易资金结算服务的行为。通俗地讲就是持卡人或银行签约商户在哪里刷卡消费，就在哪里将持卡人刷卡消费的资金在规定周期内结算给商户，并从中扣取一定比例的手续费。

2. 银行卡收单业务管理规定

(1) 特约商户管理。收单机构拓展特约商户，应遵循"了解你的客户"原则，对特约商户实行实名制管理。收单机构应严格审核特约商户的营业执照等证明文件，以及法定代表人或负责人有效身份证件等申请材料。特约商户为自然人的，收单机构应当审核其有效身份证件。特约商户使用单位银行结算账户作为收单银行结算账户的，收单机构还应当审核其合法拥有该账户的证明文件。

特约商户为个体工商户或自然人的，可使用其同名个人银行结算账户作为收单银行结算账户。收单机构应当与特约商户签订银行卡受理协议，就可受理的银行卡种类、开通的交易类型、收单银行结算账户的设置和变更、资金结算周期、结算手续费标准、差错和纠纷处置等事项，明确双方的权利、义务和责任。

(2) 业务与风险管理。收单机构应当强化业务和风险管理措施，建立特约商户检查制度、资金结算风险管理制度、收单交易风险监测系统以及特约商户收单银行结算账户设置和变更审核制度等。建立对实体特约商户、往来特约商户分别进行风险评级的制度，对于风险等级较高的特约商户，收单机构应当对其开通的受理卡中的交易类型进行限制，并采取强化交易监测、设置交易限额、延迟结算、增加价差频率和建立特约商户风险准备金等措施。

收单机构发现特约商户发生疑似银行卡套现、洗钱、欺诈、移机、留存或泄露持卡人账户信息等风险事件的，应当对特约商户采取延迟资金结算、暂停银行卡交易或收回受理终端（关闭网络支付接口）等措施，并承担因未采取措施导致的风险损失责任；涉嫌违法犯罪活动的，应当及时向公安机关报案。

3. 银行卡POS收单业务交易及结算流程

POS（point of sale，多功能终端）是安装在特约商户内，为持卡人提供授权、消费、结算等服务的专用电子支付设备，也是能够保证银行交易处理信息安全的实体支付终端。目前国内信用卡POS交易的转接和资金清算由中国银联负责。境外银行卡POS交易的转接和转接清算由国际发卡组织负责(如维萨国际组织、万事达卡国际组织等)。银行卡收单业务交易及结算流程与国内、国际清算机构标志如图5-9所示。

图5-9　银行卡收单业务交易及结算流程与国内、国际清算机构标志

收单业务交易及结算流程：

(1)收款银行审查银行卡,刷卡输入交易金额。

(2)持卡人确认消费金额并输入交易密码。

(3)交易信息通过中国银联输送至发卡机构。

(4)发卡机构系统检查卡片有效性、验证密码和账户余额,并发送交易处理结果信息(通过检查和验证后扣减持卡人账户资金并发送成功信息,未通过发送失败信息)。

(5)中国银联把交易处理结果信息返回给受理机构。

(6)若交易成功,受理机具打印单据。

(7)持卡人在消费单据上签名,收银员保管好交易单据。

(8)中国银联每日23:00进行日终处理,按成员机构代号进行轧差清算,次日通过现代化支付系统直接拨收成员机构清算资金。

(9)成员机构次日从中国银联下载商户交易明细,对商户进行资金入账(已扣减交易手续费)并向特约商户提供交易明细。

4.结算收费

收单机构向商户收取的收单服务费由收单机构与商户协商确定具体费率;发卡机构向收单机构收取的发卡行服务费不区分商户类别,实行政府指导价、上限管理,费率水平借记卡交易不超过交易金额的0.35%,单笔收费金额不超过13元,贷记卡交易不超过0.45%;对非营利性的医疗机构、教育机构、社会福利机构、养老机构、慈善机构刷卡交易,实行发卡行服务费、网络服务费全额减免。

5.3 企业网银业务（回复cn0503获取课程解析）

第三节　企业网银业务

一　网银业务概述

（一）网银的概念

网上银行又称网络银行、在线银行，是指银行利用 Internet 技术，通过 Internet 向客户提供开户、查询、对账、行内转账、跨行转账、信贷、网上证券、投资理财等传统服务项目，使客户足不出户就能够安全、便捷地管理活期和定期存款、支票、信用卡及个人投资等。可以说网上银行是 Internet 上的<u>虚拟银行柜台</u>。

网上银行又被称为"3A 银行"，因为它不受时间、空间限制，能够在任何时间（anytime）、任何地点（anywhere）、以任何方式（anyway）为客户提供金融服务。网上银行是企业办理资金结算的重要工具，使用户可以足不出户就实时、动态地掌握账务信息及资金任务调度。在网络时代，企业网银这个渠道，正快速发展成为企业的一种强大的理财工具。因此，熟练掌握和运用企业网银是出纳必须具备的技能之一。

（二）网银的分类

网上银行发展的模式有以下两种：

（1）完全依赖于互联网的无形的电子银行，也叫"虚拟银行"。所谓虚拟银行，就是指没有实际的物理柜台作为支持的网上银行，这种网上银行一般只有一个办公地址，没有分支机构，也没有营业网点，采用国际互联网等高科技服务手段与客户建立密切的联系，提供全方位的金融服务。例如，美国"安全第一网上银行"成立于 1995 年 10 月，是在美国成立的第一家无营业网点的虚拟网上银行。它的营业厅就是网页画面。当时，银行的员工只有 19 人，主要的工作就是对网络的维护和管理。

（2）在现有传统银行的基础上，利用互联网开展传统的银行业务交易服务。传统银行利用互联网作为新的服务手段为客户提供在线服务，实际上是传统银行服务在互联网上的延伸，这是目前网上银行的发展模式。我国现在的网上银行很多都属于这种模式，也存在个别例外，如"支付宝"就是我国真正意义上的网上银行。

（三）网银的功能

各个银行提供的网银功能不尽相同，但是大多数网银都至少具有以下功能。

1.账户信息查询

账户信息查询包括<u>余额查询</u>和<u>账户交易明细查询</u>。通过网银也可以查询网上银行所有账户的即时余额，可以随时查看总（母）公司及分（子）公司的各类账户的余额及明细,实时掌握和监控企业内部资金情况。除查询余额外,企业也可以查询近几年的历史交易明细。

2. 收付款回单打印

企业在一定时间范围内通过网上银行所提交的交易信息,可以根据自身的需要针对某一笔交易进行详细信息的打印。

3. 转账汇款

当收付款双方的账户属于同一银行时,可以使用网银转账汇款。当收款方和付款方账户属于不同的银行时,也可以通过网银结算。这一功能可以是同城企业之间的转账汇款,也可以是异地企业之间的转账汇款。

4. 代收代付

代收代付主要是指网上银行的代发工资功能。出纳打开网银,上传工资表后,即可实现足不出户发放工资。

5. 其他特色服务

除以上功能外,各个银行还提供有其他服务,如证券发行、公司资金清算、电子商务、外汇汇款、信贷融资、投资理财等各项业务。

除了网上银行,我们还可以通过银行电子对账系统来查询银行账户余额变动情况并打印回单。银行电子对账系统是指企业通过操作开户银行的对账系统而获得银行账户信息的系统。银行电子对账系统实现了网上对账并及时回签的电子化对账方式,它可以查询在该行所有账户(活期、定期、贷款)的对账数据,以及当日、历史交易明细、账户余额等。

二 开通企业网银

企业要想通过网上银行办理资金结算业务应先携带企业相关资料到开户银行申请办理网上银行业务并与开户银行签订协议,银行审批通过并收取开户费用后会申请企业办理注册手续并将网银盾(U-KEY)交付给企业相关权限人员,网上银行会备有2~3个U-KEY并由不同的权限人员保管。U-KEY操作权限一般由出纳拥有,主要负责账户信息查询及相关交易录入;复核及管理权限一般由财务经理或会计主管人员拥有。

企业需要开通网银时,各个银行要求企业提供的资料不尽相同,这里以中国建设银行简版网银为例进行说明。

(一)到开户银行网点申请

(1)企业申请。企业相关人员持营业执照正副本原件及复印件、单位介绍信、经办人身份证件和公司印章,到账户开户网点签订"网上银行客户服务协议"、填写"企业客户服务申请表"。

(2)银行审核。银行柜员审核客户提交信息的真实性,包括核对银行预留印鉴确认无误后办理签约手续。

(二)下载并安装网银安全组件

(1)登录建行互联网站→公司机构客户页面,在企业网上银行登录区单击"下载中心"按钮。

(2)在"下载中心"页面选择"企业客户E路护航网银安全组件",单击"下载"按钮,将安全组件下载至计算机。

(3)双击下载至本地计算机的安全组件图标,进入安装页面。

(4)安装页面提示客户安装组件安装成功,单击"完成"按钮后即可使用安全组件的相关功能。安装完成后,电脑桌面显示"中国建设银行E路护航网银安全检测工具"的快捷图标,如图5-10所示。

图5-10 下载并安装网银安全组件

(三)设置网银盾密码

首先插入网银盾,计算机屏幕弹出修改默认口令的提示,客户输入口令,并单击"确定"按钮。然后,依次按照页面操作提示逐步完成网银盾口令的设置。网银盾密码设置完成后,再次插入网银盾,单击企业网银链接,输入网银密码,即可正常跳转到登录页面。

三 企业网银登录

(1)访问建行首页→选择公司机构客户,如图5-11所示。

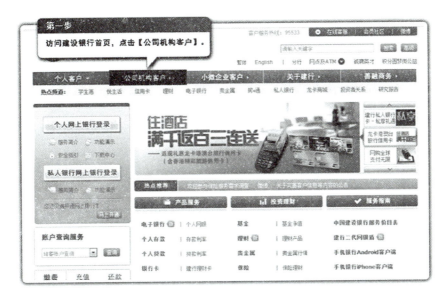

图 5-11　建行企业网银登录

(2)点击企业网上银行登录,插入网银盾,如图 5-12 所示。

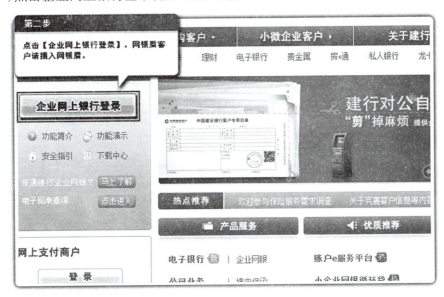

图 5-12　点击企业网上银行登录,插入网银盾

(3)弹出证书对应对话框,选择企业网银证书后,点击确定,如图 5-13 所示。

(4)输入网银盾密码,点击确定,如图 5-14 所示。

(5)进入登录页面后,系统自动显示"客户识别号"和网银盾对应的"操作员代码",输入登录密码,点击登录,如图 5-15 所示。

(6)进入企业网银欢迎页面,单击"进入操作页面"按钮,进入企业网银主页面,如图 5-16 所示。

图 5-13 选择证书

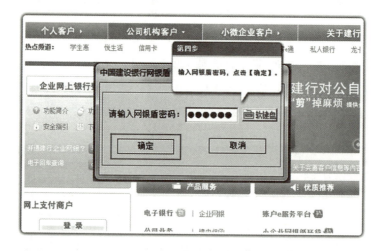

图 5-14 输入网银盾密码

图 5-15 重新进入登录页面

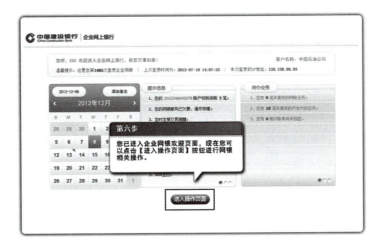

图 5-16　进入操作页面

四　账户信息查询

出纳可以查询名下所有签约网上银行的账户余额及账户交易明细的客户。账户包含已签约的客户名下所有币种(人民币和外币)的活期账户。单击"账户信息查询"按钮,页面会显示可查询的账户清单,可以查询账户的余额及交易明细,具体登录操作参照图 5-17。

图 5-17　账户信息查询

在账户名称前的小方框内"√",选中要查询余额的账户。单击显示框下的"余额查询"按钮,就可进入"账户余额查询结果"页面,显示账户余额、币种、按币种分类的多账户合计余额等信息,并可进一步选择"打印当前页""下载当前页"或"返回"选项,如图 5-17 所示。"下载当前页",选项中提供了两种下载方式,客户可选择"TXT 下载"或"Excel

下载",在相应方式前的小方框中打钩选定即可。系统自动弹出名"文件下载"对话框,单击"保存"按钮并选择目标目录后,即可完成账户余额查询结果的下载。

进入"账户信息查询"菜单后,系统先进入的是"账户余额查询"页面,选择任一显示的账号后,系统才可连接到"明细查询"页面。该页面提供选中账户"按时间段查询"的功能,客户只需直接根据年月日顺序输入起始及终止日期或单击旁边的日历进行日期选定即可;同时,也可选择明细查询方式"页面方式全部返回"或"文件方式全部下载"后,单击"查询"按钮即可。

五 网银收款业务

当企业通过网银收取款项时,可以查询电子回单,确认款项是否已经进入本单位账户。电子回单具体内容包括交易日期、付款人名称、开户银行及账号、收款人名称、业务发生金额大小写、打印次数等,并印有开户银行加盖的业务章。用网银收款一般不需要支付手续费。汇款人在支付款项时已经将手续费扣除,收款人查询确认时不需要再支付手续费。

网银收款的具体流程:收到查询通知→查询收到款项→到账回执→领取/打印回单→登记账簿→整理并传送单据。

六 企业网银付款业务

网银付款业务是指通过网上银行进行款项支付的业务。网银付款业务的具体流程如下:

第一步,收到并审核付款单据。付款单据是指发票及付款申请单。出纳在收到付款单据时需认真审核其真实性、合法性、完整性、正确性等各个方面。

第二步,登录企业网银。将网银盾连接到电脑的 USB 接口后,进入银行网站,选择数字证书,输入网银盾口令,进入企业网银登录界面,输入客户识别号、客户代码及操作员密码,即可进入网银系统。

第三步,查询账户余额。在付款之前,出纳首先应查询账户余额,以保证有足够的款项对外支付。

第四步,出纳制单。

出纳查询账户余额充足时,登录企业网银,选择"转账业务"→"转账制单"→"单笔付款",依次输入以下内容,如图 5-18 所示。

(1)下拉选择付款账户(必须先由主管对该操作开通转账权限),可对付款账户进行默认账户设置,如图 5-19 所示。

(2)手工输入收款方账号及付款金额,或从常用收款账户或签约及授权账户中勾选

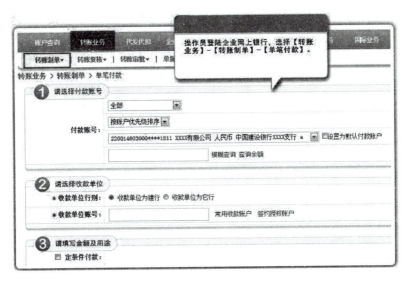

图 5-18　转账制单

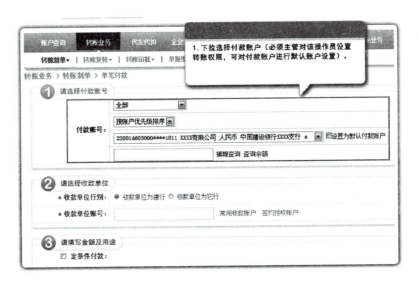

图 5-19　下拉选择付款账户,进行付款账户设置

收款账户,如图 5-20 所示。

(3)下拉选择用途或者手工录入自定义用途,如图 5-21 所示。

(4)确认收付款信息无误后,单击"确定"按钮进入下一操作页面,如图 5-22 所示。

(5)输入交易密码,单击"确定"按钮,提交下级复核员复核,完成单笔付款操作,如图 5-23 所示。

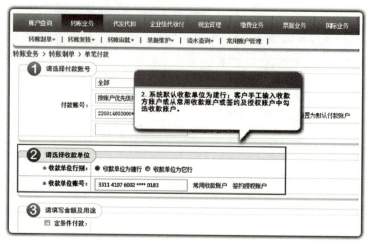

图 5-20 输入收款方信息

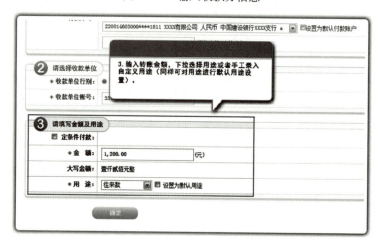

图 5-21 输入用途

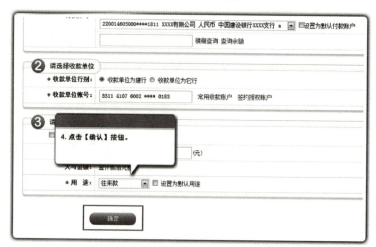

图 5-22 确定付款信息

第五章　银行结算业务

图 5-23　输入交易密码

七　复核员转账复核

复核操作员(一般为财务经理)需要对录入员提交的单据按笔逐条复核。财务经理登录后依次单击"转账业务"→"转账复核"→"单笔复核",然后选中待复核的单据,单击"确定"按钮,核对信息无误后,输入交易密码,单击"确定"按钮,完成。

对于未通过复核的单据,需要由出纳修改或删除。修改方法为:登录企业网银,选择"转账业务"→"单据维护"→"单据修改"菜单,该菜单包含"复核未通过单据"与"批量提交失败单据修改"两个子功能。显示该单据发起交易的原制单页面,将收付款信息自动带到新页面。制单员修改收付款信息后按原制单流程发起。

八　出纳收取回单

出纳确认支付款项后要及时打印电子回单,也可携带银行回单提取卡随时到银行领取回单。

九　出纳登记日记账

出纳在打印电子回单、收取纸质回单后,依据回单登记日记账。

十　整理并传递单据

出纳需要将电子回单和纸质回单一并交给相应的会计人员,用以编制记账凭证。

案例拓展十八：关于银行回单的场景故事，如图 5-24。

图 5-24　什么是银行回单

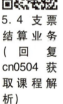

5.4 支票结算业务（回复 cn0504 获取课程解析）

第四节　支票结算业务

银行结算很简单，交易双方都将钱存入银行，需要结算时，只要填写相应的票证，通过银行的审批手续后，就可以在银行账户直接划转，大额交易由银行来结算，非常方便。各种结算凭证是办理转账结算和现金收付的重要依据，因此各单位和有关个人必须按照规定认真填写银行结算凭证。

一　支票的概念、种类和适用范围

（一）支票的概念

支票指出票人签发的、委托办理支票存款业务的银行在见票时无条件支付确定的金额给收款人或者持票人的票据。支票的基本当事人包括出票人、付款人和收款人。出票人即存款人，是在批准办理支票业务的银行机构开立可以使用支票的存款账户的单位和个人；付款人是出票人的开户银行；持票人是票面上填明的收款人，也可以是经背书转让的被背书人。

(二)支票的种类

支票分为现金支票、转账支票和普通支票三种。支票上印有"现金"字样的为现金支票,现金支票只能用于支取现金。支票上印有"转账"字样的为转账支票,转账支票只能用于转账。支票上未印有"现金"或"转账"字样的为普通支票,普通支票可以用于支取现金,也可以用于转账。在普通支票左上角划两条平行线的,为划线支票,划线支票只能用于转账,不得支取现金,现金支票票样如图5-25、图5-26所示。

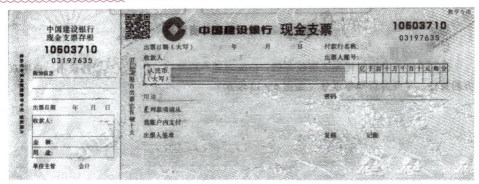

图5-25 现金支票正面

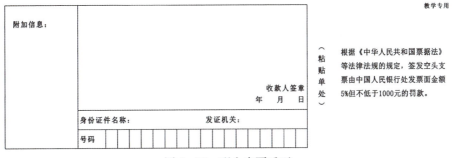

图5-26 现金支票反面

(三)适用范围

单位和个人在同一票据交换区域的各种款项结算,均可以使用支票,具体情况如表5-1所示。

表5-1 现金支票的使用范围

种类	特点	适用范围	备注
现金支票	印有"现金"字样	只能用于支取现金	
转账支票	印有"转账"字样	只能用于转账	
普通支票	未印有"现金""转账"字样	既能用于支取现金,也可以用于转账	左上角划两条平行线的,为划线支票,划线支票只能用于转账,不能支取现金

二 支票的业务处理程序

（一）现金支票的使用

1. 现金支票的签发

现金支票的签发流程，如图 5-27 所示。

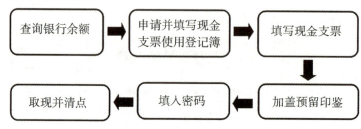

图 5-27 现金支票的签发流程

（1）查询银行余额。出纳发现库存现金余额不足或其他原因需要提取现金时，应先致电或者通过网上银行查询基本账户的存款余额（注意：一个单位只有基本户可以签发现金支票），确定银行存款余额大于要取现的金额，以防止开具空头支票，给公司造成不必要的损失。根据《中国人民银行票据法管理实施办法》规定签发空头支票或者签发与其预留印鉴不符的支票，不以骗取财物为目的的，由中国人民银行处以票面金额5%但不低于1 000元的罚款。持票人有权要求出票人赔偿支票金额2%的赔偿金。

（2）申请并填写现金支票使用登记簿。现金支票使用前应先登记现金支票使用登记簿，记录的主要事项包括日期、支票号码、用途、金额、领用人、备注等，以保证现金支票信息及时记录和跟踪。另外向银行购买支票需要出纳填写空白凭证领用单然后盖上银行预留印鉴，银行收取工本费和手续费后让出纳在银行的票据领用簿上签收，如图 5-28 所示。然后将空白凭证和收费单据交给出纳。

现金支票使用登记簿

日期	购入支票号码	使用支票号码	领用人	金额	用途	备注
20××年01月15日	10603710-03197635	10603710-03197635	李妍	10000.00	备用金	

图 5-28 登记现金支票使用登记簿

（3）现金支票的填写。现金支票的填写要求非常严格，签发支票应用碳素墨水或墨汁填写，要注意日期、金额的书写规范以及大小写金额的一致性，用途要写清楚，且字迹工整清楚，不得有任何涂改。

正联：出票日期使用大写，金额填写应符合要求，收款人填写收款单位全称或收款个人全名。

存根联:填写主要信息,如日期、金额、公司名称等。存根联的填写要求相对不那么严格,只需要把主要信息填写清楚即可,如金额日期用小写,公司名称用简称。

现金支票的填写展示如图5-29所示。

图5-29 现金支票的填写

(4)加盖印鉴。现金支票填好后要在支票的正反两面加盖银行的预留印鉴。盖印章时必须使用和印鉴颜色一样的印泥,盖章必须要清晰。盖章展示如图5-30所示。

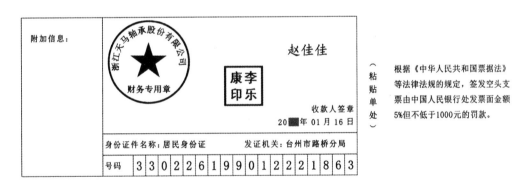

图5-30 现金支票加盖印章

(5)填入密码。银行在受理现金支票取现业务时,是根据银行印鉴及支付密码来判断是否将款项交由持票人。因此,出纳在办理取现业务时,需要填写支付密码。支付密码需要通过支付密码器来获取,支付密码器由存款人向其开户行购买(单位自行选择是否选择支付密码),按银行要求签订使用协议,然后按支付密码器的使用说明加载账号后使用。

将生成的支付密码另行单独记载,到银行柜台再将密码填入,这样就可以防止不必要的损失。支付密码器的操作过程如下:

第一步,打开支付密码器,进入操作页面,支付密码器会提示你选择操作人员,出纳办理业务时应选择签发人(图5-31)。

第二步,输入操作人员的登录密码(图5-32)。

95

图5-31　①选择签发人

图5-32　②输入登录密码

第三步，登录后，选择相应的操作，办理业务时选择"签发凭证"，查询以前的操作选择"历史记录"，修改密码选择"修改口令"（图5-33）。

第四步，进入签发凭证页面后，支付密码器会提示操作人选择签发人账号，可通过↑键和↓键来查找相应的账号（图5-34）。

图5-33　③选择签发凭证

图5-34　④选择相应账号

第五步，选择好之后单击"确定"，这时操作界面会提示要进行操作的业务，如使用现金支票和转账支票选择"支票"（图5-35）。

第六步，选择好业务种类后，操作页面会提示输入相应的凭证号码、日期和金额等信息，出纳按要求输入并确认后，操作页面便会生成支付密码（图5-36）。

图5-35　⑤选择结算工具

图5-36　⑥输入票据号码、日期、金额

第七步,确认相关数据(图5-37)。

第八步,生成支付密码(图5-38)。

图5-37　⑦确认相关数据

图5-38　⑧生成支付密码

(6)取现并清点。以上步骤完成后,出纳将存根联撕下传递给会计作为做账的原始单据,只需拿正联到银行对公窗口进行办理。到达银行时将支付密码填入现金支票密码栏后,交给工作人员进行取现。出纳收到现金应当场核对至少两遍,并检验现金真伪,确认无误后妥善保管。需注意的是实务中若是取现金额较大需向领导申请同事陪同以保证自身和单位资金的安全。

2. 提示付款

支票的提示付款期限自出票日起十日。持票人可以委托开户银行收款或直接向付款人提示付款。用于支取现金的支票仅限于收款人向付款人提示付款。

持票人委托开户银行收款时,应做委托收款背书,在支票背面背书人签章栏签章、记载"委托收款"字样、背书日期,在被背书人栏记载开户银行名称,并将支票和填制的进账单送交开户银行。持票人持用于转账的支票向付款人提示付款时,应在支票背面背书人签章栏签章,并将支票和填制的进账单送交出票人开户银行。收款人持用于支取现金的支票向付款人提示付款时,应在支票背面"收款人签章"处签章,持票人为个人的,还需交验本人身份证件,并在支票背面注明证件名称、号码及发证机关。

3. 现金支票的作废

现金支票若填写错误或者盖章不规范,必须作废,加盖作废章时应该在支票联与存根联的骑缝线上,然后在现金支票使用登记簿登记作废。同时对于作废的现金支票正联和存根联应妥善保管。需要注意的是根据票据法的规定,支票的提示付款期限是自出票日起十日内,超过提示付款期限,银行不予受理。对于除了因填写或者盖章错误的支票,超过提示付款期作废的支票也需要作废处理并进行记录,如图5-39所示。

(二)转账支票的使用

转账支票同现金支票一样,包括正联和存根联两部分,所以除了正联"转账支票"字样不同外,两种支票的背面也不同,如图5-40所示。

转账支票的签发与现金支票签发手续一致,在此不再赘述。接下来我们来看一下收

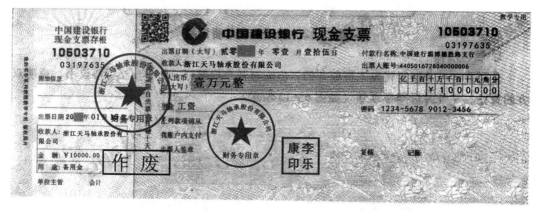

图5-39 现金支票(作废)

附加信息:	被背书人	被背书人	（粘贴单处）	根据《中华人民共和国票据法》等法律法规的规定,签发空头支票由中国人民银行处发票面金额5%但不低于1000元的罚款。
	背书人签章 年　月　日	背书人签章 年　月　日		

图5-40 转账支票(背面)

到转账支票和转账支票背书转让。

1.收到转账支票

出纳收到付款单位交来的支票后,应对支票进行审查,以免收进假支票或无效支票。对支票需要审查填写是否清晰,是否用墨汁或碳素墨水填写,收款单位名称,大小写金额,是否在付款期内,转让背书的支票其背书是否正确、是否连续。审核无误的转账支票可直接进账,也可以将支票背书转让给下一个收款人。

(1)将收到的转账支票直接进账。转账支票直接去银行办理转账时,也分为两种情况:出纳可以选择到自己开户行办理转账(倒进账),也可以选择到付款人的开户行办理转账(正进账)。在实务中,较为常见的是去自己的开户行办理进账。

在这里我们以倒进账为例,其流程如图5-41所示。

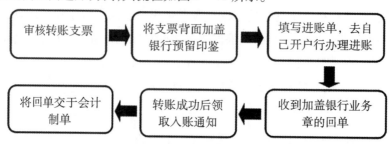

图5-41 转账支票进账流程

第一步,审核转账支票。出纳拿到转账支票正联,首先需要审核收到的转账支票,对支票的各个要素进行审核,以保证转账支票能够顺利进账。

第二步,加盖银行预留印鉴。办理进账时需在转账支票背面的背书人签章处加盖银行预留印鉴。同时需要将被背书人填写成自己的开户行名称,并书写上"委托收款"字样。盖章时必须保证盖章的规范、清晰,如图5-42所示。

图5-42　转账支票进账时加盖银行预留印鉴

第三步,填写进账单,办理进账。出纳到银行办理进账,仅凭一张转账支票,银行是不受理的,需要填写进账单。进账单根据收付双方的信息填写。进账单一般一式三联,第一联为回单联、第二联为贷方凭证联、第三联为收账通知联,如图5-43所示。

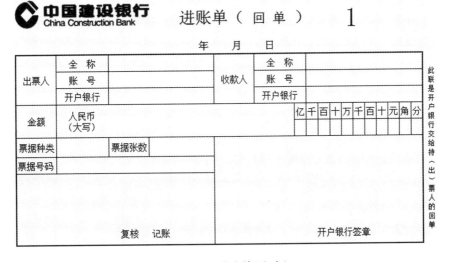

图5-43　进账单(空白)

第四步,收到受理回单。填完后将转账支票正联一同交给银行柜员办理,银行柜员办理后会将回单联加盖银行业务受理章交给出纳,如图5-44所示。

第五步,领取入账通知。需要注意的是出纳将进账单和转账支票正联去银行办理进账时,开户银行不是即时到账,一般需要1~3天才能到账。这是因为自己的开户行需要和付款人的开户行之间进行票据清算。自己的开户银行收到支票款项后会将款转到收款人账户,同时将加盖银行收款印章的入账通知交给公司。

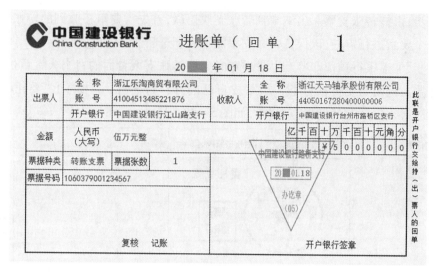

图 5-44 进账单(回单联)

第六步,编制凭证。出纳将取得的入账通知交给会计,作为其编制凭证的原始单据。需要注意的是在出纳将转账支票正联和进账单提交银行后至款项尚未到达公司这期间,会计无须做账。

(2)背书转让。转账支票在付款期限内且在同一票据交换区内可以背书转让。背书转让是转让票据权利的背书行为。在转账支票背面的"背书人签章"处盖上背书人的银行预留印鉴,同时填写上被背书人的名称。填好盖好章后将转账支票正联交于收款人,如图 5-45 所示。

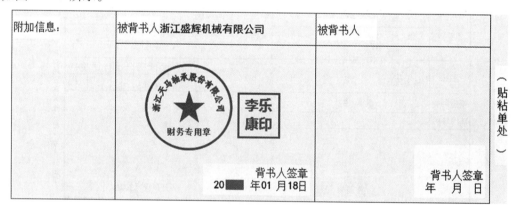

图 5-45 转账支票背书

2. 转账支票作废

转账支票同现金支票一样,在填写错误、盖章模糊或过期都必须作废。签发转账支票单位应在转账支票正面骑缝线上加盖作废章,然后重新开具。转账支票的付款期限是自出票之日起十天,如果到期日的最后一天是法定节假日,则法定节假日后第一个工作日就是最后支付日。在实务中,遇到这种情况,出纳应提前将转账支票存入银行,若未能在有效期内去银行办理进账,该支票银行将不予受理,只能交出票单位作废处理。

 案例拓展十九:

新手出纳在转账支票正联正面下部的"出票人盖章"处,首次盖章时,盖章不清楚。当她准备作废重开时,会计告诉她,这个可以在其他空白的区域再次加盖。

那么在实际工作中,在票面上有两套共四个印记还是可以的,一般以两次为宜。这样,支票的票面还算整齐,对银行来说也便于验证。假如只是某一个印迹不理想,多盖一个也是可以的,但在实际处理时,最终还是看银行如何判定的。

第五节 银行本票结算业务

5.5 银行本票结算业务(回复 cn0505 获取课程解析)

一、银行本票的概念、适用范围和特点

(一)银行本票的概念

银行本票是银行机构签发的,承诺其在见票时无条件支付确定的金额给收款人或者持票人的票据。银行本票可以用于转账,注明"现金"字样的银行本票可以用于支取现金。单位和个人在同一票据交换区域需要支付的各种款项,均可以使用银行本票。银行本票票样如图5-46所示。

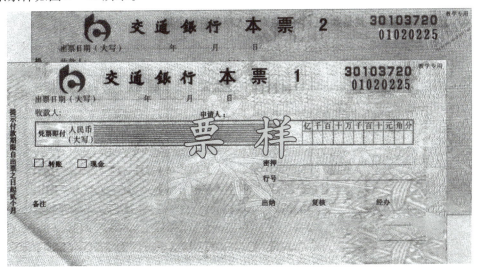

图5-46 银行本票票样

银行本票按照金额是否预先固定分为不定额银行本票和定额银行本票。不定额银

行本票由经办银行签发和银行兑付;定额银行本票由中国人民银行发行,各银行代签发和兑付。

(二)银行本票的适用范围

单位和个人在同一票据交换区域需要支付的各种款项均可以使用银行本票。

(三)银行本票的特点

1. 使用方便

单位、个体工商户和个人不管其是否在银行开户,在同城范围内的所有商品交易、劳务供应及其他款项的结算都可以使用银行本票。收款单位和个人持银行本票可以办理转账结算,也可以支取现金或背书转让。银行本票见票即付,结算迅速。

2. 信誉度高,支付能力强

银行本票由银行签发,并于指定到期日由签发银行无条件支付,因此信誉度高,一般不存在无法正常支付的问题。其中,定额本票由中国人民银行发行,各大商业银行代理签发,不存在票款无法兑付的问题;不定额银行本票由各大商业银行签发,一般也不存在无法兑付的问题。

二 银行本票结算的基本规定

银行本票结算的基本规定主要有以下方面:

(1)银行本票的付款期限自出票日起最长不超过两个月(不分大月小月,统一按次月对日计算,到期日遇节假日顺延),逾期的银行本票,兑付银行不予受理。

(2)银行本票只适用于单位、个体工商户和个人在同城范限内的结算。

(3)银行本票一律记名,允许背书转让。

(4)银行本票见票即付,不予挂失。遗失的银行本票在付款期满后一个月确未被冒领的,可以办理退款手续。

(5)申请人或收款人为单位的,不得申请现金银行本票。用于转账的,在银行本票上划销"现金"字样。不允许签发远期本票。

(6)银行本票分为定额本票和不定额本票。实际工作中,不定额本票使用比较普遍,其中定额银行本票面额为1 000元、5 000元、1万元和5万元。

三 银行本票业务处理程序

(一)申请签发本票

(1)正确填写银行本票申请书,并由印鉴管理人员在第一联申请人签章处加盖银行预留印鉴。

(2)申请办理银行本票。将一式三联的银行本票申请书递交银行柜员,银行柜员在办妥转账后,据以签发银行本票。银行柜员将银行本票第二联及银行本票、申请书第三联一并交给出纳员。

(3)将银行本票的第二联交给单位采购人员办理采购,将申请书回单联交给制证员编制记账凭证。

(4)根据审核无误的记账凭证登记银行存款日记账和其他货币资金明细账。

(二)收到银行本票

收到银行本票首先应审核,审核内容包括:收款人是否确定为本单位或本人;银行本票是否在提示付款期限内;必须记载的事项是否齐全;出票人签章是否符合规定;出票金额、出票日期、收款人名称是否更改;更改的其他事项是否由原出票人签章证明;背书是否连续。

实务中,出纳收到银行本票审核无误后,应将银行本票复印两份,一份移交会计做账,一份自己留存。对于收到的银行本票可以进行直接进账和背书转让这两种情况来处理。

1. 将收到的银行本票直接进账

(1)出纳填写银行本票背面信息并由印鉴管理人员在银行本票第二联的背面加盖预留的银行印鉴,如图 5-47 所示。

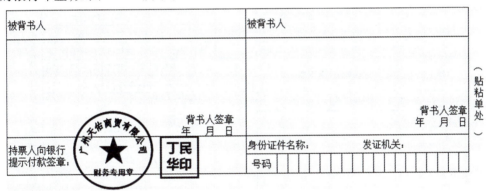

图 5-47　银行本票背面盖章

(2)填制进账单办理进账。将填写好的一式三联进账单连同银行本票第二联同时递交兑付银行,如图 5-48 所示。

(3)将开户银行退回的进账单第一联交给制证员编制记账凭证,如图 5-49 所示。

(4)登记银行存款日记账(略)。

2. 银行本票背书转让

银行本票一律记名,允许背书转让。背书转让时,在银行本票背面的"背书"栏内背书,并加盖本单位的银行预留印鉴,在"被背书人"栏填写受让人名称,并注明背书时间后将银行本票交付给受让人。

图 5-48 填写进账单

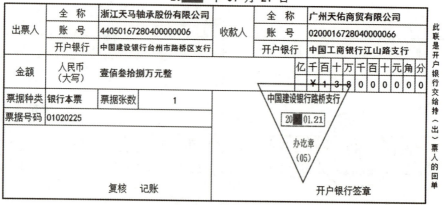

图 5-49 进账单(回单)

四 银行本票的退款和丧失

申请人因银行本票超过提示付款期限或其他原因要求退款时,应将银行本票提交到出票银行。申请人为单位的,应出具该单位的证明;申请人为个人的,应出具该个人的身份证件。

银行本票丧失,失票人可以凭人民法院出具的表明其享有票据权利的证明,向出票银行请求付款或退款。

第六节 银行汇票结算业务

一 银行汇票的概念、适用范围

（一）银行汇票的概念

银行汇票是汇款人将款项交存当地出票银行，由出票银行签发并在见票时按照实际结算金额无条件支付给收款人或持票人的票据。银行汇票可以用于转账，填明"现金"字样的银行汇票也可以用于支取现金。

（二）银行汇票适用范围

银行汇票适用于异地单位、个体经济户、个人之间需要支付的各种款项，图5-50、图5-51所示。

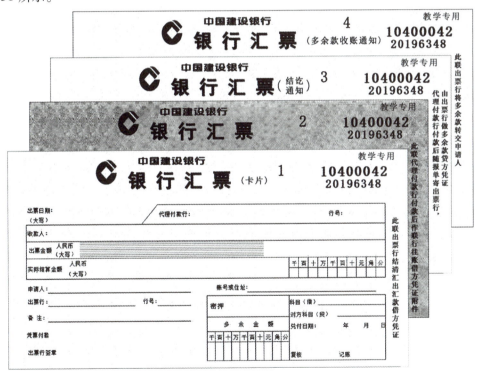

图5-50 银行汇票票样（正面）

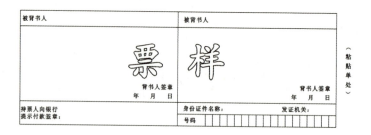

图 5-51 银行汇票票样(背面)

二 银行汇票结算方式的特点

(一)适用范围广

银行汇票是目前异地结算中较为广泛采用的一种结算方式。这种结算方式不仅适用于在银行开户的单位、个体经济户和个人,而且也适用于未在银行开立账户的个体经济户和个人。凡是各单位、个体经济户和个人需要在异地进行商品交易、劳务供应和其他经济活动及债权债务的结算,都可以使用银行汇票,并且银行汇票既可以转账结算,也可以支取现金。

(二)票随人走,钱货两清

实行银行汇票结算,购货单位交款,银行开票,票随人走;购货单位购货给票,销货单位验票发货,一手交票,一手交钱;银行见票付款,这样可以减少结算环节,缩短结算资金在途时间,方便购销活动。

(三)信用度高,安全可靠

银行汇票是银行在收到汇款人款项后签发的支付凭证,因而具有较高的信誉,银行保证支付,收款人持有票据,可以安全及时地到银行支取款项。而且,银行内部有一套严密的处理程序和防范措施,只要汇款人和银行认真按照汇票结算的规定办理,汇款就能保证安全。一旦汇票丢失,如果确属现金汇票,汇款人可以向银行办理挂失,填明收款单位和个人,银行可以协助防止款项被他人冒领。

(四)使用灵活,适应性强

用银行汇票结算,持票人可以将汇票背书转让给销货单位,也可以通过银行办理分次支取或转让,另外还可以使用信汇、电汇或重新办理汇票转汇款项,因而有利于购货单位在市场上灵活地采购物资。

(五)结算准确,余额自动退回

一般来讲,购货单位很难准确确定具体货物金额,因而出现汇多用少的情况是不可避免的。在有些情况下,多余款项往往长时间得不到清算从而给购货单位带来不便和损失。而使用银行汇票结算则不会出现这种情况,单位持银行汇票购货,凡在汇票的汇款金额之内的,可根据实际采购金额办理支付,多余款项将由银行自动退回。这样可以有效地防止交易尾欠的发生。

三 银行承兑汇票的基本规定

银行承兑汇票的基本规定主要有以下方面:

(1)单位和个人的各种转账结算,均可使用银行汇票。填明"现金"字样的银行汇票也可以用于支取现金。

(2)银行汇票的出票和付款,全国范围仅限于中国人民银行和参加"全国联行往来"的各商业银行机构办理。跨系统银行签发的转账银行汇票的支付,应通过同城票据交换将银行汇票和解讫通知提交给同城有关银行支付后抵用。

(3)银行汇票的代理付款人是代理本系统出票银行或跨系统签约银行审核支付款汇票款项的银行。代理付款人不得受理未在本行开立存款户的持票人为单位直接提交的汇票。

(4)银行汇票的提示付款期限为自出票日起一个月。持票人超过付款期限提示付款的,代理付款人不予受理。

(5)银行汇票的实际结算金额不得更改,更改实际结算金额的银行汇票无效。

(6)收款人可以将银行汇票背书转让给被背书人,但填明"现金"字样的银行汇票不得转让。未填写实际结算金额或实际结算金额超过出票金额的不得背书转让。

(7)银行汇票丧失,失票人可以凭人民法院出具的表明其享有票据权利的证明,向出票银行请求付款或退款。

(8)银行汇票为记名式,收款人可将银行汇票背书转让给被背书人。

(9)填明"现金"字样和代理付款人的银行汇票丧失,可以由持票人通知付款人或代理付款人挂失止付。

(10)银行汇票退款。申请人因银行汇票超过付款提示期限或其他原因要求退款时,应将银行汇票和解讫通知同时提交给出票银行。申请人为单位的,应出具该单位的证明;申请人为个人的,应出具该个人的身份证件。申请人缺少解讫通知要求退款的,出票银行应于银行汇票提示付款期满一个月后办理。

四 银行汇票业务处理程序

银行汇票业务处理主要分为"银行汇票的签发"和"收到银行汇票"。

(一)银行汇票的签发业务处理流程

1.申请银行汇票

首先申请人(即付款方)填写"银行汇票申请书"交于出票银行,需要依次填明申请日期、申请人名称、申请人账号、用途、收款人名称、收款人账号、汇票金额等事项,并在第二联加盖预留银行印鉴。如果申请人交现金办理汇票的,银行记账联(第二联)撤销,也就是说不要求加盖预留银行印鉴。

申请人和收款人均为个人,需要使用银行汇票向代理付款人支取现金的,申请人须在"银行汇票申请书"上填明代理付款人的名称,在"出票金额"栏填写"现金"字样和汇票金额。申请人或者收款人为单位的,不得在"银行汇票申请书"上填明"现金"字样。

2. 银行出票

银行签发银行汇票并交付申请人出纳,出纳将汇票交给请领人并登记"银行汇票登记簿"。出票银行受理银行汇票申请书,收妥款项后签发银行汇票,并用压数机压印出票金额,将银行汇票第一联及银行汇票第二联、第三联以及工本费单据一并交给出纳,如图5-52所示。

图5-52 银行汇票出票

3. 办理结算

结算时,经办人应在实际结算金额处填上实际支付金额,再将银行汇票第二联(正联)复印两份,一份交予会计做账,一份自己留存,然后将银行汇票原件第二联和第三联交给收款人进行结算,如图5-53所示。

4. 收回余款

代理付款行收到持票人交来的银行汇票第二联(正联)、第三联(解讫通知联)及进账单,审核无误后,按照实际结算金额将款项划转给持票人账户,并将银行汇票第三联(解讫通知联)寄给出票行。如果有多余款,出票行还需要把多余款划转入申请人账户,同时将银行汇票第四联交给申请人,申请人据以入账处理。若没有余款,银行将第四联留存,不再将其退还给企业,如图5-54所示。

(二)收到银行汇票

收款人在收到银行汇票时,需要先审核收到的银行汇票。审核时除了需要审核银行汇票第二联和第三联是否相符外,还需要审核如下内容:收款人是否确定为本单位或本

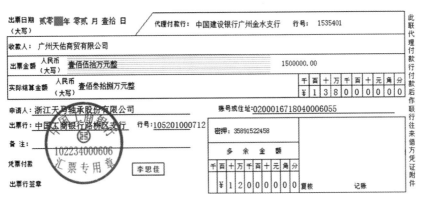

图 5-53　银行汇票办理结算

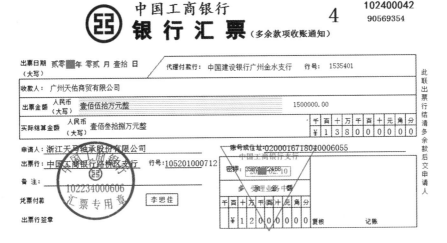

图 5-54　银行汇票收回余款

人;银行汇票是否在提示付款期限内;必须记载的事项是否齐全;出票人签章是否符合规定,出票金额、出票日期、收款人名称是否更改;更改的其他事项是否由原出票人签章证明,背书是否连续。

对于收到的审核无误的银行汇票,企业通常分为两种情况来进行处理:持票进账、背书转让。

1. 持票进账

(1)填写结算金额及银行汇票背面信息。审核无误后,出纳员需要在出票金额以内根据实际需要的款项办理结算,并将实际结算金额和多余金额准确的填入银行汇票和解讫通知。全额解付的银行汇票,应在"多余金额"栏写上"0",并由印鉴管理人员在银行汇票第二联的背面加盖预留银行印鉴,如图 5-55 所示。

(2)填制进账单办理提示付款。根据实际结算金额填制进账单,将填写好的一式三

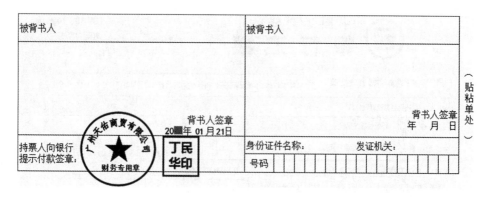

图 5-55　银行汇票进账盖章

联进账单连同银行汇票的第二联和第三联同时交于兑付银行。银行汇票的提示付款期限是自出票日起一个月内。超过提示付款期限提示付款的，代理付款人不予受理。未在银行开立存款账户的个体持票人，可以向任何一家银行机构提示付款。提示付款时，应在汇票背面"持票人向银行提示付款签章"处签章，并填写本人身份证件名称、号码及发证机关，由其本人向银行提交身份证件及其复印件。

（3）收到结算款，传递凭证。收款人开户行办妥进账手续后，通知收款人收款入账，出纳将开户银行退回的收账通知联传递给制单会计编制记账凭证。

（4）出纳根据审核无误的记账凭证登记银行存款日记账。

2. 背书转让

收到银行汇票时，企业还可以将银行汇票转让背书给他人。背书转让时，在银行本票背面的"背书"栏内背书，加盖背书人的银行预留印鉴，在"被背书人"栏填写受让人名称，并注明背书时间后将银行汇票交付给受让人。背书转让时不需要对银行汇票第三联做任何处理，然后，背书人再将汇票第二联（正联）、第三联（解讫通知书）交给被背书人。

对于票据的背书，没有限制背书次数，在背书栏或票据背面写满时，可以在票据上粘贴"粘单"继续背书，如图 5-56 所示。

图 5-56　银行汇票背书盖章

（三）银行汇票的退款

汇款单位因银行汇票超过付款期限或其他原因没有使用汇票款项时，可以向签发银行申请退款：

(1)在银行开立账户的汇款单位要求签发银行退款时,将未使用的"银行汇票"联和"解讫通知"联交回汇票签发银行办理退款。

(2)未在银行开立账户的汇款单位要求签发银行退款时,应将未用的"银行汇票"联和"解讫通知"联交回汇票签发银行,同时向银行交验申请退款单位的有关证件,经银行审核后办理退款。

(3)汇款单位因"银行汇票"联和"解讫通知"联缺少其中一联而不能在兑付银行办理兑付,而向签发银行申请退款时,应将剩余的一联退给汇票签发银行并出具说明函解释缺失原因,经签发银行审核同意后办理退款手续。

第七节 商业汇票结算业务

5.7 商业汇票结算业务（回复 cn0507 获取课程解析）

一 商业汇票的概念、种类和使用范围

(一)商业汇票的概念

商业汇票是出票人签发的、委托付款人在指定日期无条件支付确定金额给收款人或者持票人的票据。在银行开立存款账户的法人以及其他组织之间,必须具有真实的交易关系或债权债务关系,才能使用商业汇票。

商业汇票按是否计息,分为带息商业汇票和不带息商业汇票。带息商业汇票是指在商业汇票到期时,承兑人必须按票面金额加上应计利息向收款人或被背书人支付票款的票据。不带息商业汇票是指商业汇票到期时,承兑人只按票面金额(即面值)向收款人或被背书人支付票款的票据。商业汇票按承兑人不同,分为商业承兑汇票和银行承兑汇票。商业承兑汇票由银行以外的付款人承兑,银行承兑汇票由银行承兑。商业承兑汇票的出票人,为在银行开立存款账户的法人以及其他组织,并与付款人具有真实的委托付款关系,具有支付汇票金额的可靠资金来源。银行承兑汇票的出票人必须是在承兑银行开立存款账户的法人以及其他组织,并与承兑银行具有真实的委托关系,资信状况良好,具有支付汇票金额的可靠来源。

(二)商业汇票的承兑

商业承兑汇票可以由付款人签发并承兑,也可以由收款人签发交由付款人承兑。银行承兑汇票应由在承兑银行开立存款账户的存款人签发。

商业汇票可以在出票时向付款人提示承兑后使用,也可以在出票后先使用再向付款人提示承兑。提示承兑,是指持票人向付款人出示汇票,并要求付款人承诺付款的行为。

定日付款或者出票后定期付款的商业汇票,持票人应当在汇票到期日前向付款人提示承兑。见票后定期付款的汇票,持票人应当自出票日起一个月内向付款人提示承兑。汇票未按照规定期限提示承兑的,持票人丧失对其前手的追索权。

商业汇票的付款人接到出票人或持票人向其提示承兑的汇票时,应当向出票人或持票人签发收到汇票的回单,记明汇票提示承兑日期并签章。付款人应当在自收到提示承兑的汇票之日起三日内承兑或者拒绝承兑。

付款人拒绝承兑的,必须出具拒绝承兑的证明。付款人承兑汇票后,应当承担到期付款的责任。付款人承兑商业汇票,不得附有条件,承兑附有条件的,视为拒绝承兑。

(三)商业汇票的付款

1. 商业汇票的付款期限

商业汇票的付款期限,最长不得超过六个月。定日付款的汇票付款期限自出票日起计算,并在汇票上记载具体的到期日。出票后定期付款的汇票付款期限自出票日起按月计算,并在汇票上记载。见票后定期付款的汇票付款期限自承兑或拒绝承兑日起按月计算,并在汇票上记载。

2. 商业汇票的提示付款期限

商业汇票的提示付款期限,自汇票到期日起十日。持票人在应付款期限内通过开户银行委托收款或直接向付款人提示付款。对异地委托收款的,持票人可估算邮程,提前通过开户银行委托收款。持票人超过提示付款期限提示付款的,开户银行不予受理。

3. 商业汇票

银行承兑汇票的出票人于汇票到期日未能足额交存票款时,承兑银行除凭票向持票人无条件付款外,对出票人尚未支付的汇票金额按照每天万分之五计收利息。

(四)商业汇票的贴现

贴现是指票据持票人在票据未到期前为获得现金向银行贴付一定利息而发生的票据转让行为。通过贴现,贴现银行获得票据的所有权。

1. 贴现条件

商业汇票的持票人向银行办理贴现必须具备以下列条件:是在银行开立存款账户的企业法人以及其他组织;与出票人或者直接前手之间具有真实的商品交易关系;提供与其直接前手之间进行商品交易的发票和商品发运单据复印件。

2. 贴现利息的计算

贴现的期限从其贴现之日起至汇票到期日止。实付贴现金额按票面金额扣除贴现日至汇票到期前一日的利息计算。对于承兑人在异地的纸质商业汇票,贴现的期限以及贴现利息的计算应另加三天的划款日期。

3. 贴现的收款

贴现到期,贴现银行应向付款人收取票款。不获付款的,贴现银行应向其前手追索票款。贴现银行追索票款时可从申请人存款账户直接收取票款。

二 商业汇票业务处理程序

(一)商业承兑汇票业务处理程序

商业承兑汇票业务的处理程序主要有以下步骤:

(1)签发汇票。签发商业承兑汇票必须记载的事项包括表明"商业承兑汇票"的字样、无条件支付的委托、确定的金额、付款人名称、收款人名称、出票日期和出票人签章。出票人签章为该单位的财务专用章或者公章,加其法定代表人或其授权代理人的签名或者盖章。

(2)提示付款。商业承兑汇票的提示付款期限为自汇票到期日起十日内。持票人应在提示付款期限内通过开户银行委托收款或直接向付款人提示付款。持票人未按规定期限提示付款的,在做出说明后,承兑人或者付款人仍应当继续对持票人承担付款责任。商业汇票的付款期限,最长不得超过六个月。

(3)持票人开户银行向付款人开户银行发出委托收款的通知并寄送商业承兑汇票。

(4)付款人开户银行将商业承兑汇票留存并及时通知付款人。

(5)付款人收到开户银行的付款通知,应在当日通知银行付款。付款人在接到通知日的次日起三日内(遇法定休假日顺延,下同)未通知银行付款的,视同付款人承诺付款。付款人提前收到由其承兑的商业汇票,应通知开户银行于汇票到期日付款。付款人存在合法抗辩事由拒绝支付的,应自接到通知日的次日起三日内,提供拒绝付款证明送交开户银行,银行将拒绝付款证明和商业承兑汇票邮寄给持票人开户银行转交持票人。

(6)付款人开户银行将票款划给持票人开户银行。

(7)持票人开户银行于汇票到期日将票款划给持票人。

(二)银行承兑汇票业务处理程序

银行承兑汇票的业务处理分为银行承兑汇票的签发和收到银行承兑汇票这两种情况。

1. 银行承兑汇票的签发

(1)出票人持增值税专用发票抵扣联和发票复印件及合同复印件到银行申请开具银行承兑汇票。签发转账支票,将款项存入银行指定账户。增值税专用发票发票联,如图5-57所示(购销合同略)。

(2)出票并承兑。银行信贷部门负责按照有关规定和审批程序,对出票人的资格、资信、发票日期是否在合同期内、金额、公司名称、保证金及期限、购销合同和汇票记载的内容等进行认真审查,必要时可由出票人提供担保。银行审核申请人资格后,由银行客户经理签字,然后由出纳审核、企业财务主管签字。符合规定和承兑条件的,与出票人签订承兑协议。银行承兑汇票的承兑银行,应按票面金额向出票人收取万分之五的手续费。银行经办人员需要在承兑汇票上盖汇票专用章、银行经办人签章和复核签章,如图5-58所示。

图5-57 提供增值税专用发票联

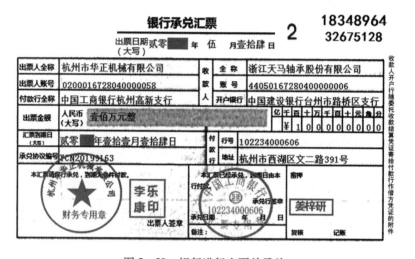

图5-58 银行进行出票并承兑

(3) 承兑后出票人将银行承兑汇票第二、三联拿回。其中,第二联复印后给采购员,用于采购货物,第三联留存并登记应付票据备查簿,如图5-59所示。

应付票据备查登记簿

合同号码	摘要	商业汇票记录					付款记录		注销	备注
		票据种类	汇票号码	签发日期	承兑日期	金额	日期	金额		
GP000001		银行承兑汇票	32675128	20■05.14		100万				

图5-59 登记应付票据备查登记簿

2.收到银行承兑汇票

出纳员在收到银行承兑汇票时,首先需要审核如下内容:收款人是否确定为本单位或本人;银行汇票是否在提示付款期限内;必须记载的事项是否齐全;出票人签章是否符合规定;出票金额、出票日期、收款人名称是否更改;更改的其他事项是否由原出票人签章证明;背书是否连续。另外需要特别注意是否表明"银行承兑汇票"的字样,因为在实务中由于商业承兑汇票承兑人是企业或其他组织,到期不一定能收取到货款,因此在实务中很多企业是拒绝收商业承兑汇票的,因此在收票时一定要注意审核,避免给企业和自身带来不必要的麻烦和损失。

对于收到的审核无误的银行承兑汇票,企业通常也分为三种情况来进行处理:持票到期提示付款、背书转让和贴现。

(1)持票到期提示付款。持票人在银行承兑汇票到期时提前十天到银行办理托收(委托收款)。填制一式五联的托收凭证,并在第二联加盖企业的预留银行印鉴。将托收凭证同银行承兑汇票一并交给银行。待银行审查受理加盖银行业务受理章后,将委托收款的托收凭证第一联带回,如图 5-60 所示。

图 5-60 填制托收凭证

票据到期日,将银行转来的委托收款的托收凭证第四联交给制单会计编制记账凭证后,出纳登记银行存款日记账和应收票据备查簿,如图 5-61 所示。

(2)持票人将收到的银行承兑汇票背书转让。背书转让时,在银行本票背面的"背书"栏内背书,加盖本单位的银行预留印鉴,在"被背书人"栏填写受让人名称,并注明背书时间后将银行本票交付给受让人,如图 5-62 所示。

票据的背书,没有限制背书次数,在背书栏或票据背面写满后可以在票据上粘贴"粘单"继续背书。出纳除了在粘单上盖银行预留印鉴外,还要在粘单的骑缝处盖章。另外,

应收票据备查登记簿

收票日期	种类	号数	出票日期	票面金额	到期日期	利率	付款人	承兑人	背书人	贴现			收回		注销	备注
										日期	贴现率	贴现额	日期	金额		
20■.05.14	银行承兑汇票	32675128	20■.05.14	100万	20■.11.14		杭州华正	杭州华正					20■.11.14	100万	√	

图 5-61　登记应收票据备查簿

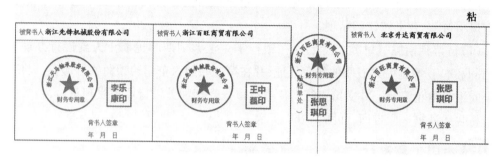

图 5-62　银行承兑汇票背书盖章

背书时可能出现背书不规范,如背书不连续、被背书人书写不规范、盖章不规范等情况,实务中需要单位开具承兑证明。开具承兑证明时,票面的各个要素包括票据的票号、出票人的全称、出票人的账号、收款行的全称、收款的账号、出票的日期、到期的日期,盖章需要公章、法人代表人名章、财务专用章。实务中,每个银行要求存在差异,但主要内容相同,具体出具时以银行要求格式为准,如图 5-63 所示。

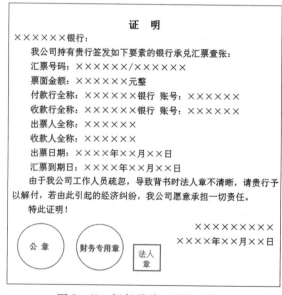

图 5-63　银行承兑证明格式模版

(3)贴现。企业收到银行承兑汇票后,如果汇票还没到期,企业又急用资金,这时企业可以去银行办理贴现,办理贴现需要填写贴现凭证,并在相应的位置处加盖银行预留印鉴。

按照规定,贴现利息应根据贴现金额、贴现天数(自银行向贴现单位支付贴现票款日起至汇票到期日前一天止的天数)和贴现率计算求得。贴现率是各行按国家票据挂牌价上下浮动制定的,各个银行和资金方给出的贴现利率不同。实务中,单位根据自身要求选择贴现方。

公式表示即

$$贴现利息 = 票面金额 \times 贴现天数 \times 日贴现率$$

$$日贴现率 = 月贴现率 \div 30$$

$$贴现金额 = 票面金额 - 贴现利息$$

填制完贴现凭证后,再将银行承兑汇票转让给银行。经过银行审查无误后,受理银行将扣除贴现利息的余额打回到持票人账户,持票人取回贴现凭证和交易合同交于制单会计编制记账凭证。

贴现凭证的填制申请书,如图5-64所示。

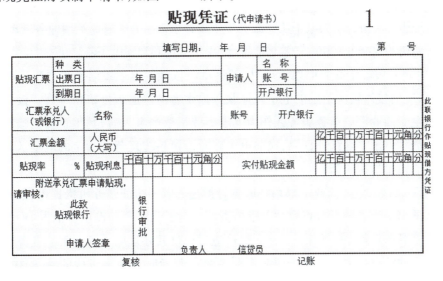

图5-64 贴现凭证(空白)

三 电子商业汇票

(一)电子商业汇票的概念

电子商业汇票是指出票人依托电子商业汇票系统,以数据电文形式制作的,委托付款人在指定日期无条件支付确定金额给收款人或者持票人的票据。电子商业汇票分为电子银行承兑汇票和电子商业承兑汇票。电子银行承兑汇票由银行业金融机构、财务公司(以下统称"金融机构")承兑;电子商业承兑汇票由金融机构以外的法人或其他组织承兑。电子商业汇票的付款人为承兑人。

电子商业汇票系统是经中国人民银行批准建立,依托网络和计算机技术,接收、存储、发送电子商业汇票数据电文,提供与电子商业汇票货币给付、资金清算行为相关服务的业务处理平台。电子商业汇票的出票、承兑、背书、保证、提示付款和追索等业务,必须通过电子商业汇票系统办理。

作为电子商业汇票的依托,电子商业汇票系统有三个主要功能:一是电子商业汇票业务处理功能,它可以实现电子商业汇票的托管,业务信息的接收、存储和转发,以及电子商业汇票有关的资金清算和信息服务;其次该系统还具有纸质商业汇票登记查询功能,以及处理纸质商业汇票的登记和查询业务;最后系统还可以查询商业汇票的公开报价,处理纸质商业汇票和电子商业汇票的公开报价业务。

(二)电子商业汇票基本规定

(1)电子商业汇票为定日付款票据。电子商业汇票的付款期限自出票日起至到期日止,最长不得超过一年。

(2)票据当事人在电子商业汇票上的签章,为该当事人可靠的电子签名。电子签名所需的认证服务应由合法的电子认证服务提供者提供。在电子商业汇票业务活动中,票据当事人所使用的数据电文和电子签名应符合《中华人民共和国电子签名法》的有关规定。

(3)客户开展电子商业汇票活动时,其签章所依赖的电子签名制作数据和电子签名认证证书,应向接入机构指定的电子认证服务提供者的注册审批机构申请。接入机构为客户提供电子商业汇票业务服务或作为电子商业汇票当事人时,其签章所依赖的电子签名制作数据和电子签名认证证书,应向电子商业汇票系统运营者指定的电子认证服务提供者的注册审批机构申请。

(4)接入机构、电子商业汇票系统运营者指定的电子认证服务机构提供者,应对电子签名认证证书申请者的身份真实性负审核责任。电子认证服务提供者依据《中华人民共和国电子签名法》承担相应责任。接入机构应对通过其办理电子商业汇票业务客户的电子签名真实性负审核责任。电子商业汇票系统运营者应对接入机构的身份真实性和电子签名真实性负审核责任。

(5)电子商业汇票系统应实时接收、处理电子商业汇票信息,并向相关票据当事人的接入机构实时发送该信息;接入机构应实时接收、处理电子商业汇票信息,并向相关票据当事人实时发送该信息。

(6)出票人签发电子商业汇票时,应将其交付收款人。电子商业汇票背书,背书人应将电子商业汇票交付被背书人。电子商业汇票质押解除,质权人应将电子商业汇票交付出质人。交付是指票据当事人将电子商业汇票发送给受让人,且受让人签收的行为。

(7)签收是指票据当事人同意接受其他票据当事人的行为申请,签章并发送电子指令予以确认的行为。驳回是指票据当事人拒绝接受其他票据当事人的行为申请,签章并发送电子指令予以确认的行为。收款人、被背书人可与接入机构签订协议,委托接入机构代为签收或驳回行为申请,并代理签章。商业承兑汇票的承兑人应与接入机构签订协议,在符合规定的情况下,由接入机构代为签收或驳回提示付款指令,并代理签章。

(8)出票人或背书人在电子商业汇票上记载了"不得转让"事项的,电子商业汇票不得继续背书。

(9)票据当事人通过电子商业汇票系统作出行为申请,行为接收方未签收且未驳回的,票据当事人可撤销该行为申请。电子商业汇票系统为行为接收方的,票据当事人不得撤销。

(10)电子商业汇票的出票日是指出票人记载在电子商业汇票上的出票日期。电子商业汇票的提示付款日是指提示付款申请的指令进入电子商业汇票系统的日期。电子商业汇票的拒绝付款日是指驳回提示付款申请的指令进入电子商业汇票系统的日期。电子商业汇票追索行为的发生日是指追索通知的指令进入电子商业汇票系统的日期。承兑、背书、保证、质押解除、付款和追索清偿等行为的发生日是指相应的签收指令进入电子商业汇票系统的日期。

(11)电子商业汇票责任解除前,电子商业汇票的承兑人不得撤销原办理电子商业汇票业务的账户,接入机构不得为其办理销户手续。

(12)接入机构终止提供电子商业汇票业务服务的,应按规定由其他接入机构承接其电子商业汇票业务服务。

(三)电子票据行为

电子票据行为主要包括出票、承兑、背书、保证、提示付款和追索等业务。

1. 电子商业汇票出票

电子商业汇票出票,是指出票人签发电子商业汇票并交付收款人的票据行为。出票人在电子商业汇票交付收款人前,可办理票据的未用退回。出票人不得在提示付款期后将票据交付收款人。电子商业汇票的出票人必须为银行业金融机构以外的法人或其他组织。电子银行承兑汇票的出票人应在承兑金融机构开立账户。

电子商业汇票出票必须记载的事项有:①表明"电子银行承兑汇票"或"电子商业承兑汇票"的字样;②无条件支付的委托;③确定的金额;④出票人名称;⑤付款人名称;⑥收款人名称;⑦出票日期;⑧票据到期日;⑨出票人签章。出票人可在电子商业汇票上记载自身的评级信息,并对记载信息的真实性负责,但该记载事项不具有票据上的效力。

2. 电子商业汇票承兑

电子商业汇票承兑,是指付款人承诺在票据到期日支付电子商业汇票金额的票据行为。电子商业汇票交付收款人前,应由付款人承兑。电子银行承兑汇票由真实交易关系或债权债务关系中的债务人签发,并交由金融机构承兑。电子银行承兑汇票的出票人与收款人不得为同一人。

电子银行承兑汇票的出票人应向承兑金融机构提交真实、有效、用以证实真实交易关系或债权债务关系的交易合同或其他证明材料,并在电子商业汇票上做相应记录,承兑金融机构应负责审核。承兑人应在票据到期日前,承兑电子商业汇票。承兑人承兑电子商业汇票,必须记载的事项有:①表明"承兑"的字样;②承兑日期;③承兑人签章。

3. 转让背书

转让背书是指持票人将电子商业汇票权利依法转让给他人的票据行为。票据在提示付款期后,不得进行转让背书。转让背书应当基于真实、合法的交易关系和债权债务关系,或以税收、继承、捐赠、股利分配等合法行为为基础。

转让背书必须记载的事项有:①背书人名称;②被背书人名称;③背书日期;④背书人签章。

4. 电子商业票据贴现

贴现是指持票人在票据到期日前,将票据权利背书转让给金融机构,由金融机构扣除一定利息后,将约定金额支付给持票人的票据行为。转贴现是指持有票据的金融机构在票据到期日前,将票据权利背书转让给其他金融机构,由其扣除一定利息后,将约定金额支付给持票人的票据行为。再贴现是指持有票据的金融机构在票据到期日前,将票据权利背书转让给中国人民银行,由其扣除一定利息后,将约定金额支付给持票人的票据行为。

电子商业汇票贴现、转贴现和再贴现必须记载下列事项:①贴出人名称;②贴入人名称;③贴现、转贴现或再贴现日期;④贴现、转贴现或再贴现类型;⑤贴现、转贴现或再贴现利率;⑥实付金额;⑦贴出人签章。实付金额为贴入人实际支付给贴出人的金额。回购式贴现、回购式转贴现和回购式再贴现还应记载赎回开放日和赎回截止日。贴现还应记载贴出人贴现资金入账信息。

电子商业汇票回购式贴现、回购式转贴现和回购式再贴现赎回应作成背书,并记载下列事项:①原贴出人名称;②原贴入人名称;③赎回日期;④赎回利率;⑤赎回金额;⑥原贴入人签章。

贴现和转贴现利率、期限等由贴出人与贴入人协商确定。再贴现利率由中国人民银行规定。电子商业汇票贴现、转贴现和再贴现可选择票款兑付方式或其他方式清算资金。

5. 电子商业汇票的提示付款

提示付款是指持票人通过电子商业汇票系统向承兑人请求付款的行为。持票人应在提示付款期内向承兑人提示付款。提示付款期自票据到期日起十日,最后一日遇法定休假日、大额支付系统非营业日、电子商业汇票系统非营业日顺延。

6. 电子商业汇票的追索

持票人在票据到期日前被拒付的,不得拒付追索。持票人在提示付款期内被拒付的,可向所有前手拒付追索。持票人超过提示付款期提示付款被拒付的,若持票人在提示付款期内曾发出过提示付款,则可向所有前手拒付追索;若未在提示付款期内发出过提示付款,则只可向出票人、承兑人拒付追索。追索时,追索人应当提供拒付证明。拒付追索时,拒付证明为票据信息和拒付理由。非拒付追索时,拒付证明为票据信息和相关法律文件。

(四)电子票据查询

票据当事人可通过接入机构查询与其相关的电子商业汇票票据信息。接入机构应记录其与电子商业汇票系统之间发送和接收的电子商业汇票票据信息,并按规定将该信息向客户展示。票据信息包括票面信息和行为信息。票面信息是指出票人将票据交付收款人后、其他行为发生前,记载在票据上的所有信息。行为信息是指票据行为的必须记载事项。

承兑人在收到提示付款申请前,可查询电子商业汇票票面信息。收到提示付款申请后,可查询该票据的所有票据信息。收款人、被背书人和保证人可查询自身做出的行为信息及之前的票据信息。持票人可查询所有票据信息。在追索阶段,被追索人可查询所有票据信息。票据当事人对票据信息有异议的,应通过接入机构向电子商业汇票系统运营者提出书面申请,电子商业汇票系统运营者应在十个工作日内按照查询权限办理相关查询业务。

电子商业汇票所有票据行为中,处于待签收状态的接收方可向电子商业汇票系统查询该票据承兑人和行为发起方的电子商业汇票支付信用信息。电子商业汇票系统仅提供票据当事人的电子商业汇票支付信用信息,不对其进行信用评价或评级。

(五)电子商业汇票操作流程

随着电子商业汇票的迅速发展,各大银行为提供给客户更加便捷、高效、优质的服务,都相继开发出了电子商业汇票业务系统,并整合了企业网上银行系统等一系列相关系统,力争通过先进的票据业务综合处理平台,为客户提供良好的电子商业汇票业务办理环境和服务渠道,下面以中国建设银行电子承兑汇票为例,介绍电子商业汇票的操作方法。

该业务需要在开户行申请开通,开通后才可以在"票据业务"下面看到二级子菜单"电子商业汇票"。电子商业汇票流程需要主管单独设置,开通后,使用主管登录设置流程。

1. 电子商业汇票流程设置

使用主管网银盾登录网银,点击"服务管理——流程管理——自定义流程",业务类型选择"电子商业汇票",点击"下一步",如图5-65所示。

图5-65 选择电子商业汇票

输入主管交易密码,点击"增加流程",如图 5-66 所示。

图 5-66　输入主管密码,点击"增加流程"

设置类型选择为"按功能设置"(也可根据单位需要设置"按功能+账号设置"或"按功能+账号+金额设置"),在"请选择流程类型"下选择"个性化流程",并勾选全部电票功能(也可根据单位需要自行选择),点击一个制单员从左边框"添加"到右边框,之后点击"选定制单员",如图 5-67 所示。

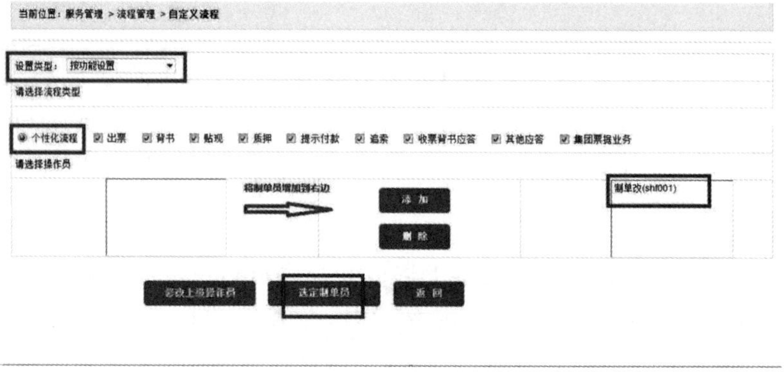

图 5-67　进行流程设置

下个页面再将复核员从左边框"添加"到右边框,点击"选定一级复核员",如需设置二级复核员则继续将二级复核员添加到右边框,点击"选定二级复核员",最后在下个页面点击"结束订制",如图 5-68 所示。

图 5-68　结束订制

2.电子商业汇票常用功能

(1)应答。制单员点击"票据业务——电子商业汇票——应答——申请",选择"银行承兑汇票"或"商业承兑汇票",勾选具体的电票信息签收票据。若系统提示需要复核员操作,就使用复核员登录网银系统进行复核处理。若系统无提示,制单一个盾操作应答即可,如图5-69所示。

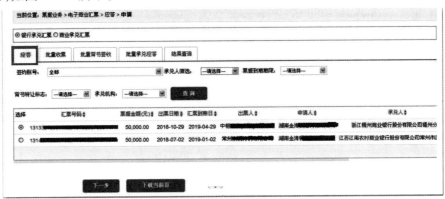

图5-69 应答申请

(2)出票(商业承兑汇票)。该业务主要步骤如下:

第一步,制单员点击"票据业务——电子商业汇票——出票"选择"商业承兑汇票",点击"出票申请",填写相关票据的详细信息(出票人信息、收款人信息、承兑人信息等),经确认后提交,再由复核员登录网银系统进行复核处理,如图5-70所示。

图5-70 商业承兑汇票出票

第二步,制单员点击"票据业务——电子商业汇票——出票"选择"商业承兑汇票",点击"承兑申请",确认票据的各项详细信息(出票人信息、承兑人信息、出票日期、到期日等)提交,再由复核员登录网银系统进行复核处理,如图5-71所示。

第三步,开票方(承兑人)制单员点击"票据业务——电子商业汇票——应答"选择"商业承兑汇票",选择确认票据的各项详细信息后,点击"签收"提交。然后,制单员点

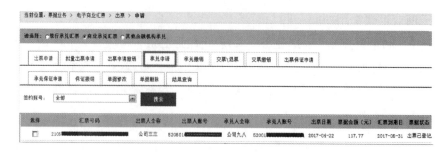

图 5-71 商业承兑汇票出票复核

击"票据业务——电子商业汇票——出票"选择"商业承兑汇票""交票\退票",确认票据各项信息无误后提交,再由复核员登录网银系统进行"交票"复核处理,如图 5-72 所示。

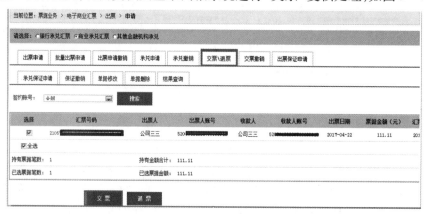

图 5-72 商业承兑汇票交票

(3)出票(银行承兑汇票)。该业务主要步骤如下:

第一步,制单员点击"票据业务——电子商业汇票——出票"选择"银行承兑汇票",点击"出票申请",勾选协议编号进行出票,按照票据流程进行复核,出票成功后票据状态为"提示承兑待签收"(每次出票前,均需至网点签订银行承兑汇票协议,由客户经理在建行系统生成协议编号),如图 5-73 所示。

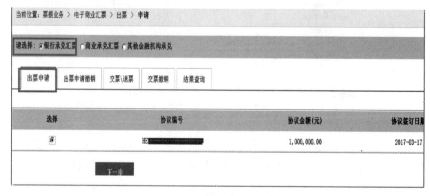

图 5-73 银行承兑汇票出票申请

第二步,开户行客户经理在建行系统进行承兑操作后,票据状态变为"承兑已签收",如图5-74所示。

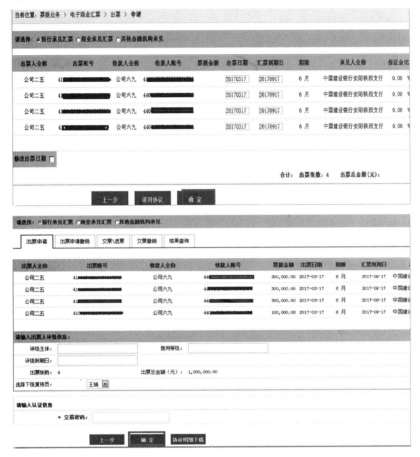

图5-74 银行承兑汇票出票申请确定

第三步,制单员登录企业网银通过"票据业务——电子商业汇票——出票——交票/退票"进行交票,按照票据流程进行复核,交票成功后票据状态为"提示收票待签收",等待收款人签收票据,如图5-75所示。

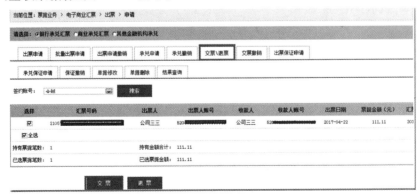

图5-75 银行承兑汇票交票

(4)背书。制单员点击"票据业务——电子商业汇票——背书——申请"制单,然后按照票据流程进行复核,如图5-76、图5-77所示。

图5-76　银行承兑汇票背书转让

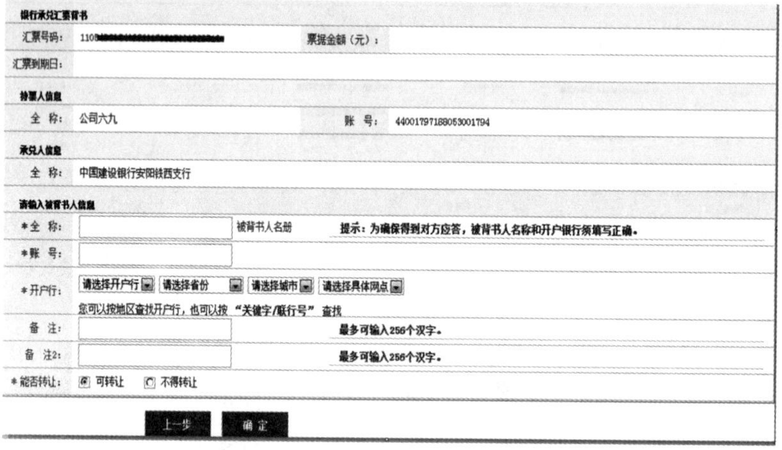

图5-77　银行承兑汇票背书转让填写

(5)提示付款。制单员点击"票据业务——电子商业汇票——提示付款——申请"制单,然后按照票据流程进行复核,如图5-78所示。

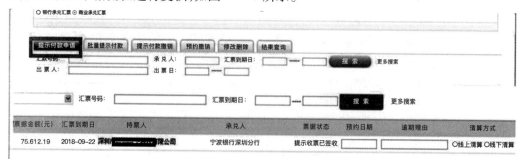

图5-78　银行承兑汇票提示付款

注意:建议使用建行主管网银盾,点击"票据业务——电子商业汇票——提示付款——自动提示付款设置"开通提示付款自动发起,方便实用,如图5-79所示。

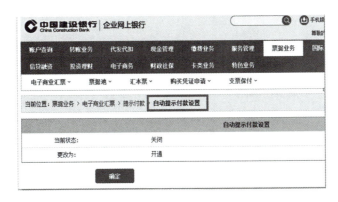

图 5-79　建行银行承兑汇票自动提示付款设置

(6)各类查询。各类查询主要有:①查询交易流水,点击"票据业务——电子商业汇票——查询——交易流水查询";②查询持有票据,点击"票据业务——电子商业汇票——查询——持票查询";③查询是否在池,点击"票据业务——电子商业汇票——查询——综合查询",如图5-80所示。

图 5-80　查询

案例拓展二十:关于票据贴现的场景故事展示,如图5-81所示。

图 5-81　什么是票据贴现

第八节 汇兑结算业务

一 汇兑的概念

汇兑是汇款单位委托银行将款项汇往异地收款单位的一种结算方式。汇兑根据划转款项的方法不同以及传递方式的不同可以分为信汇和电汇两种,单位和个人的各种款项的结算,均可使用汇兑结算方式。

信汇是汇款人向银行提出申请,同时交存一定金额及手续费,汇出行将信汇委托书以邮寄方式寄给汇入行,授权汇入行向收款人解付一定金额的一种汇兑结算方式。

电汇是汇款人将一定款项交存汇款银行,汇款银行通过电报或电传给目的地的分行或代理行(汇入行),指示汇入行向收款人支付一定金额的一种汇兑结算方式。

在这两种汇兑结算方式中,信汇费用较低,但速度相对较慢,而电汇具有速度快的优点。另外,为了确保电报的真实性,汇出行应在电报上加注双方约定的密码,而信汇则不需要加密码,签字即可。随着银行网络系统的完善,现在一般使用电汇,如图 5-82 所示。

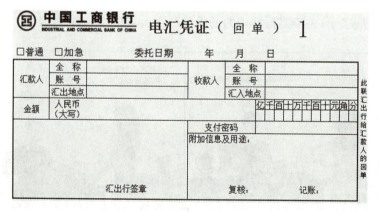

图 5-82 电汇凭证(空白)

二 汇兑的特点

汇兑的特点主要有以下方面:

(1)汇兑结算,无论是信汇还是电汇,都没有金额起点的限制,不管款多款少都可使用。

（2）汇兑结算属于汇款人向异地主动付款的一种结算方式。汇兑结算方式广泛地用于先汇款后发货的交易结算方式。如果销货单位对购货单位的资信情况缺乏了解或者在商品较为紧俏的情况下，可以先款后货。当然，购货单位采用先汇款后发货的交易方式时，应详尽了解销货单位的资信情况和供货能力，以免盲目地将款项汇出却收不到货物。如果对销货单位资信情况和供货能力缺乏了解，可将款项汇到采购地临时存款户，派人监督支付。

（3）汇兑结算方式除了适用于单位之间的款项划拨外，也可用于单位对异地的个人支付有关款项，如退休工资、医药费、各种劳务费、稿酬等，还可用于个人对异地单位所支付的有关款项，如邮购商品、书刊等。

（4）汇兑结算手续简便易行，单位或个人很容易办理。

三　汇兑的有关规定

汇兑的有关规定主要有以下方面：

（1）汇兑凭证记载的汇款人名称、收款人名称，其在银行开立存款账户的，必须记载其账号。欠缺记载的，银行不予受理。

（2）汇兑凭证上记载收款人为个人的，收款人需要到汇入银行领取汇款，汇款人应在汇兑凭证上注明"留行待取"字样；留行待取的汇款应注明收款人的单位名称并需要指定单位的收款人领取；应注明收款人的单位名称；信汇凭收款人签章支取的，应在信汇凭证上预留其签章。汇款人确定不得转汇的，应在汇兑凭证备注栏注明"不得转汇"字样。

（3）汇款人和收款人均为个人，需要在汇入银行支取现金的，应在信汇、电汇凭证的"汇款金额"大写栏，先填写"现金"字样，后填写汇款金额。

（4）汇出银行受理汇款人签发的汇兑凭证，经审查无误后，应及时向汇入银行办理汇款，并向汇款人签发汇款回单。汇款回单只能作为汇出银行受理汇款的依据，不能作为该笔汇款已转入收款人账户的证明。

（5）汇入银行对开立存款账户的收款人，应将汇给其的款项直接转入收款人账户，并向其发出收账通知。

（6）未在银行开立存款账户的收款人，凭信汇、电汇的取款通知或"留行待取"的字样，向汇入银行支取款项，支取时必须交验本人的身份证件，在信汇、电汇凭证上注明证件名称、号码及发证机关，并在"收款人签章"处签章；信汇凭签章支取的，收款人的签章必须与预留信汇凭证上的签章相符。银行审查无误后，以收款人的姓名开立应解汇款及临时存款账户，该账户只付不收，付完清户，不计付利息。

（7）支取现金的，信汇、电汇凭证上必须有按规定填明的"现金"字样，才能办理。未填明"现金"字样，需要支取现金的，由汇入银行按照国家现金管理规定审查支付。

（8）收款人需要委托他人向汇入银行支取款项的，应在取款通知上签章，注明本人身份证件名称、号码、发证机关和"代理"字样以及代理人姓名。代理人代理取款时,也应在取款通知上签章,注明其身份证件名称、号码及发证机关,并同时交验代理人和被代理人的身份证件。

(9)转账支付的,应由原收款人向银行填制付款凭证,并由本人交验其身份证件办理支付款项。该账户的款项只能转入单位或个体工商户的存款账户,严禁转入储蓄卡和信用卡账户。

(10)转汇的,应由原收款人向银行填制信汇、电汇凭证,并由本人交验其身份证件转汇的收款人必须是原收款人。原汇入银行必须在信汇、电汇凭证上加盖"转汇"戳记。

(11)汇款人对汇出银行尚未汇出的款项可以申请撤销。申请撤销时,应出具正式函件或本人身份证件及原信汇、电汇回单。汇出银行查明确实未汇出款项的,收回原信汇、电汇回单,方可办理撤销。

(12)汇款人对汇出银行已经汇出的款项可以申请退汇。对在汇入银行开立存款账户的收款人,由汇款人与收款人自行联系退汇;对未在汇入银行开立存款账户的收款人,汇款人应出具正式函件或本人身份证件以及原信汇、电汇回单,由汇出银行通知汇入银行,经汇入银行核实汇款确实未支付,并将款项重新汇回汇出银行,方可办理退汇。

(13)转汇银行不得受理汇款人或汇出银行对汇款的撤销或退汇。

(14)汇入银行对于收款人拒绝接受的汇款,应当即办理退汇。汇入银行对于向收款人发出取款通知,经过两个月无法交付的汇款,应主动办理退汇。

四 汇兑业务处理程序

汇兑业务处理主要分为"签发汇兑"和"领取汇款"这两种情况,流程如图 5-83 所示。

图 5-83 签发汇兑流程

(一)签发汇兑凭证(汇款申请书)

1. 签发汇兑凭证,同时填写转账支票

汇兑凭证上必须记载的事项包括表明"信汇"或"电汇"的字样;无条件支付的委托;确定的金额;收款人名称;汇款人名称;汇入地点、汇入行名称;汇出地点、汇出行名称;委托日期和汇款人签章(财务章和法人章)。凡汇兑凭证上欠缺上述事项之一的,银行不予受理。

注意:①在填写电汇时,首先需要查询余额,保证银行存款余额足够支付,如果不足,银行将不予受理。②加盖银行预留印鉴时,印章必须清晰、规范,否则银行不予受理。③填写密码同填写支票密码一样,只不过选择的业务类型不同。信汇则不需要输入密码。

汇出银行受理汇兑凭证,经审查无误后,向汇款人签发汇款回单。

2. 收到银行的到款通知书

付款行将款汇到收款人的银行后,收款人银行会给收款人开具一份收账通知。办理时银行同时会收取一定比例的手续费,实务中,出纳需要先向安排电汇的人员确认手续费由谁承担。在划款时可以选择普通或加急的方式,通常加急方式的手续费要高于普通方式。办妥后,将汇款回单传递给会计记账。

3. 登记银行存款日记账

出纳根据审核无误的记账凭证编制银行存款日记账。

(二)领取汇款

领取汇款主要有两步:首先,出纳将银行转来的到账通知传递给会计记账;其次,出纳根据审核无误的记账凭证登记银行存款日记账。

五 办理退汇

汇款人因一些业务原因在款项发出后会要求银行办理退汇,办理退汇的主要原因有以下几种:

(1)直接汇款给收款企业,没有银行参与的汇款,办理退汇时,汇款人只需联系收款人即可,银行不受理。

(2)汇款时由银行参与的,汇款人办理退汇时,应持有汇款企业公函或持本人身份证件连同原信汇、电汇凭证回单交汇出银行申请退汇,由汇出银行通知汇入银行,经汇入银行查实汇款确未解付,方可办理退汇。

(3)当汇款人款项已被收款人支取时,汇款人要与收款人联系办理退款手续,银行不再介入。

如果汇款被收款企业拒绝接受的,由汇入银行立即办理退汇。汇款超过两个月,收款人尚未来汇入银行办理取款手续,或在规定期限内汇入银行已寄出通知但由于收款人地址迁移或其他原因致使该笔汇款无人受领时,汇入银行主动办理退汇。

汇款企业收到汇出银行寄发的注有"汇款退回已代进账"字样的退汇通知书第四联(适用于汇款人申请退汇)或者由汇入银行加盖"退汇"字样,汇出银行加盖"转讫"的特种转账贷方凭证(适用于银行主动退汇)后,即表明汇款已退回本企业账户。财务部门即可据此编制银行存款收款凭证,其会计分录则与汇出时银行存款付款凭证会计分录相反。

5.9 委托收付款结算业务(回复 cn0509 获取课程解析)

第九节 委托收付款结算业务

一 委托收款结算概念

委托收款是收款人委托银行向付款人收取款项的结算方式,分为委电和委邮两种方式。

委托收款是一种方便灵活、使用范围广泛、便于收款人主动收取款项的结算方式。这种结算方式不受金额起点的限制,也不受地区限制,同城或异地均可使用。

只要在银行开设账户,无论个人或企业都可以委托银行办理收款结算,较为常见的收款项目有银行收取水费、电费、电话费、邮费、煤气费。办理这类结算业务的前提,必须是收付双方有协议,如发生争议,银行便终止办理。

二 委托收款结算业务处理程序

(一)收款方办理汇款

1. 收款方凭债务证明到银行办理委托收款

出纳需要持增值税专用发票复印件到银行办理托收,填制一式五联的托收凭证,委托收款凭证必须记载的事项包括表明"托收"的字样、确定的金额、付款人名称、收款人名称、委托收款凭据名称及附寄单证张数、委托日期,并由印鉴管理人员在第二联收款人签章处加盖单位预留银行印鉴。

2. 办理托收手续后,银行将审查并受理

银行受理后将委托收款凭证寄交付款单位开户行,由付款单位开户银行审核,并通知付款单位。在付款阶段,付款单位在接到银行付款通知和有关附件后,应在规定的付款期(三天)内付款。如果付款期内未向银行提出异议,银行视为同意付款,并在付款期满的次日将款项主动转账付给收款企业。如果不符合条件,汇出行不予办理汇出手续,做退票处理。

3. 领取汇款

按照规定,汇入银行对开立账户的收款单位的款项应直接转入其账户。

4. 登记银行存款日记账

出纳根据银行传来的托收凭证收账通知联登记银行存款日记账。

(二)付款方办理付款

1. 支付款项

付款人接收到银行寄来的付款通知后,首先,出纳应该对银行寄来的资料进行核查,核查内容具体包括收款凭证的对象是否正确、是否应该由本企业受理、凭证内容是否填写正确,出纳还应重点计算一下委托收款金额和本企业实际支付的金额是否一致,如果出纳发现明显的计算错误,应填制一份"多付款理由书",在付款期满前将多付款项一起交与银行。银行会对其进行审查,审查无误后,银行会将多付款理由书加盖"转讫"章后通知收款企业。目前银行规定的付款期为三天,付款人在付款期内,没有发现问题的,银行会主动将款项划给收款人。

2. 办理全部拒付和部分拒付

企业在进行商品交易时难免会发生一些意外,如付款人对收款企业所发产品不满意或认为不符合合同时,付款人有权向收款企业提出拒付或部分拒付。这种情况下出纳应该在付款期满前向委托银行出示"委托收款结算全部或部分拒绝付款理由书"(以下简称"拒绝付款理由书"),将其与有关证件交给开户银行。

"拒绝付款理由书"共分为四联,包括支款通知(第一联)、支款凭证(第二联)、收款凭证(第三联)、代通知或收账通知(第四联)。

出纳人员填写"拒绝付款理由书"时,除了将基本内容填写清楚外,还应在理由书中将全部拒付与部分拒付填写清楚。如果企业是全部拒付,则应在"拒付金额"栏中填写相应的数字,同时部分拒付栏中的金额应填写为零。

如果付款企业是部分拒付金额,则应在"部分付款金额"栏中填写拒绝支付的金额,并说明拒绝的理由。出纳人员填完"拒绝付款理由书"后,一定要加盖付款企业公章,并填写拒付日期。部分拒绝支付款项时,出纳人员需要根据银行退回的"拒绝付款理由书"第一联,移交制单会计做账。全部拒付出纳不必登记账簿,会计也无须做账只要妥善保管即可,因为全部拒绝支付款并没有使企业的资金发生变动。

3. 无款支付

付款人采用委托收款结算方式时,应保证银行存款资金充足,如果银行代理付款人办理支付结算时,遇到付款人的存款不足或无款支付的情况,银行将在第二天上午营业时,通知付款人将有关单证在两日内退回,银行也会把有关凭证退回收款人。如果付款企业已将单证进行了账务处理,付款人应填写"应付款项证明单"送交开户银行。

5.10 托收承付结算业务(回复cn0510 获取课程解析)

第十节 托收承付结算业务

一 托收承付的概念

托收承付结算指根据购销合同由收款人发货后委托银行向异地购货企业收取货款,购货企业根据合同核对单证或验货后,向银行承认付款的一种结算方式。

托收承付方式主要适用于异地签有经济合同的商品交易和相关劳务活动,现在企业之间的代销、寄销和赊销商品行为不适用此结算方式,简单的理解就是我们到超市购买商品就需要立即付款的行为属于此列,如果到附近小店赊账购买的商品就不属于此列。

办理异地托收承付结算有两种收款方式:一种是银行邮寄,一种是电报通知。邮寄与电报各自的优势与前面所讲的电汇和邮汇相同。邮寄价格便宜,速度较慢,电报价格较高,速度较快,办理人可以根据企业的需要自由选择。

二 托收承付业务处理程序

(一)收款方账务处理

托收承付的处理流程,如图 5 – 84 所示。

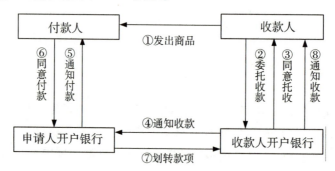

图 5 – 84 托收承付处理流程

(1)收款人正确填写托收凭证,并在第二联收款人签章处加盖预留银行印鉴。签发托收承付凭证必须记载的事项包括表明"托收"的字样、确定的金额、付款人名称及账号、收款人名称及账号、付款人开户银行名称、收款人开户银行名称、托收附寄单证张数或册数、合同名称及号码、委托日期和收款人签章。托收承付凭证上欠缺记载上列事项之一的,银行不予受理。

(2)收款人办理托收。将填制好的托收凭证、随附证件或其他符合托收承付结算的有关证明文件和交易单证送交开户银行办理托收手续。

(3) 银行间传递凭证。

(4) 付款人开户银行通知付款人付款。

(5) 付款人承付或拒绝承付。付款单位出纳收到其开户银行转来的托收承付结算凭证第五联及有关发运单证和交易单证后,应按规定立即登记"异地托收承付付款登记簿"和"异地托收承付处理单",然后交供应(业务)等职能部门签收。

(6) 供应部门会同财务部门认真仔细地审查托收承付结算凭证及发运单证和交易单证,看其价格、金额、品种、规格、质量、数量等是否符合双方签订的合同,并签出全部承付、部分拒付、全部拒付的意见。如为验货付款的还应将有关单证和实际收到货物做进一步核对,以签出处理意见。付款单位承付货款有验单付款和验货付款两种方式,由收付双方协商选用,并在合同中明确加以规定。实行验货付款的,收款单位在办理托收手续时应在托收凭证上加盖"验货付款"戳记。

(7) 银行间划转款项。

(8) 收款方开户银行通知收款人收款。

(二) 付款方账务处理

(1) 付款方同意付款时,出纳将银行转来的托收凭证第五联及领导审批意见书递交会计编制记账凭证,并根据审核过的记账凭证登记银行存款日记账。

(2) 付款方如果部分拒付,出纳将最终收到的增值税专用凭证及拒绝付款理由书第一联移交会计编制记账凭证。

第十一节　其他方式结算业务

在实际工作中除了我们熟悉的第一方支付方式——现金支付(即货币支付)和第二方支付方式——依托于银行的支付方式外,还有日益兴起的第三方、第四方支付方式。目前随着网络购物的盛行以及信息技术的个性化发展,第三方支付方式也成为了大众选择的主要支付结算方式。

第三方支付是指具备一定实力和信誉保障的独立机构,通过与银联或网联对接而促成交易双方进行交易的网络支付模式。

在第三方支付模式为买方选购商品后,使用第三方平台提供的账户进行货款支付(支付给第三方),并由第三方通知卖家货款到账、要求发货;买方收到货物,检验货物,并且进行确认后,再通知第三方付款;第三方再将款项转至卖家账户。简单来说,所谓的第三方支付其实只是一个平台,如支付宝、微信支付等,在买卖双方进行交易的时候起连接和保障作用。

我国的第三方支付主要包括支付宝、微信支付、百度钱包、PayPal、中汇支付、拉卡拉等等,其中用户数量较大的是支付宝和微信支付。下面以支付宝和微信支付为例,介绍第三方支付结算方式。

一 企业支付宝账户结算业务

企业版支付宝是一个面向企业、专业化的财务管理和资金结算服务平台,包括多操作员、多账户、授权管理、审核流程、集团账户业务与财务明细查询及下载、子公司账户余额查询、单笔/批量、代发/代扣、内外资金转账调拨等。企业可以申请企业支付宝账户来满足资金的结算需求。

(一)企业支付宝结算的特点

(1)支付灵活便捷,交易时间短,交易手续费低,资金实时到账,避免假币及差错账。大大缩短往返银行的交通时间和支付处理时间。

(2)大数据分析支持,支付宝拥有名认证用户,系统自带强大数据分析功能,可以免费提供多维度数据报告,帮助商家更好地提供个性化服务及二次精准营销。

(3)金融服务,企业支付宝账户信用记录良好、芝麻信用分值高,商户就可以向支付宝申请信用贷款。

(4)自带营销管理系统,如商家和用户可以通过支付宝的一些引流活动获得补贴,自带多种促销方式,如发送红包、大转盘、刮刮乐等。

(二)企业支付宝账户操作流程

该业务需要在支付宝窗口开通企业支付宝账户才能进行相应操作。

1. 企业支付宝的注册流程

开通企业支付宝账户分为三步:注册、激活、认证,只有全部完成,账户才能正常使用。

(1)提前准备一个从未注册过的支付宝或淘宝的邮箱,登录网址 b.alipay.com,点击右上方的"注册支付宝",根据页面提示完成账号注册步骤,如图 5-85 所示。

图 5-85 注册支付宝页面

请仔细查看页面内容,根据页面提示,提前做好材料准备再进行账号认证操作。资料准备页面,如图5-86所示。

图5-86 资料准备页面

资料准备完成后,可通过右侧两种认证方式进行操作,以下分别介绍。

方式一:使用手机支付宝扫一扫二维码,确定身份按照电脑页面提示,直接进入资料填写页面,录入企业信息。手机端进入页面及资料上传页面,如图5-87、图5-88所示。

图5-87 手机端进入页面　　　　图5-88 资料上传页面

方式二:直接点击电脑端注册,根据页面提示操作。点击注册同意相关支付宝账户协议后就会进入企业账户注册页面,输入邮箱作为后续企业账户使用的登录名;注意该邮箱不能是注册过的或者是淘宝、1688的已用登录名。电脑注册页面操作,如图5-89所示。若提交后提示"不支持该邮箱"则需更换邮箱,邮箱存在部分字符拦截,如图5-90所示。

图 5-89　电脑端进入页面

图 5-90　电脑注册页面

输入手机号码查收验证码，仅作为注册的校验，不会与账户进行绑定，进行相关验证后，会发送一封激活邮件到您填写的邮箱，注册步骤完成，如图 5-91 所示。

图 5-91　注册完成页面

（2）激活企业支付宝账户。登录注册邮箱查收支付宝发送的邮件，点击邮件里面的"继续注册"，根据页面提示设置密码及安保问题，账号才算激活完成。如图 5-92、图 5-93 所示。

图 5-92 激活操作页面

图 5-93 完成激活页面

(3)认证企业支付宝账户。本步骤分为两大环节,资料登记和实名认证。

第一环节:企业信息资料登记。使用激活完成的账号密码登陆 b.alipay.com,点击"企业实名信息填写"进入认证的第一环节,操作页面如图 5-94、图 5-95、图 5-96 所示。

图 5-94 实名认证页面

图 5-95 上传凭证页面

图 5-96 上传凭证成功页面

填写好单位信息并点击提交后，预计 24 小时会通知审核结果，等待过程中可在企业认证页面继续进行企业实名认证操作，如图 5 – 97 所示。

图 5 – 97　企业实名认证操作页面

第二环节：企业实名认证。认证方式主要有两种，为系统综合判断显示，无法人工修改。

第一种，法定代表人支付宝账密认证/法人扫脸认证。账密：点击"法人支付宝密码验证"，输入账密进行核验。扫脸：可以通过支付宝发送也可以通过保存图片发送给法定代表人，使用其个人支付宝打开服务提醒或者扫描二维码图片进行人脸核验。页面显示如图 5 – 98 所示。

图 5 – 98　验证账户信息页面

第二种，对公银行账户打款认证。按照页面提示输入对公银行账户信息进行验证。支付宝收到资金后，认证状态实时更新，认证成功，则资金会退回您的支付宝账户。若您打款后，对公银行账户收到退款，则说明认证失败，不成功的原因一般为填写的收款方信息有误，可将打款的电子回单与待打款页面的收款方账户信息进行核对，填写正确信息再次打款。操作页面如图 5 – 99、图 5 – 100 所示。

图 5-99 对公银行账户打款认证页面

图 5-100 完成企业实名认证页面

完成企业实名认证后,企业支付宝账户即可正常使用。

2.企业支付宝账户常用功能

(1)通过企业支付宝账户收付款。企业支付宝账户主要通过扫描二维码进行款项的收付。收付款时必须是成功签约当面付产品后,然后电脑端登录 b.alipay.com "我的商家服务——账户管理——商户信息管理——查看商户收款码"即可查询/下载商家收/付款二维码(此处涉及商业机密,图片省略)。

注意:只有成功签约当面付后才有商户收款码,商户收款码对应签约关系。

(2)企业支付宝账单查询。登录 b.alipay.com "对账中心——对账管理——账单下载"进行交易记录查询和下载日月账单。出纳可根据下载账单进行相应的账务处理。

(3)企业支付宝账户提现。企业提现是将企业支付宝账户的可提现余额提现到已绑定且和支付宝账户认证名一致的银行账户的功能,无法提现至个人银行卡。企业支付宝提现可选择当日到账(系统会判断绑定银行是否支持)、次日到账,提现选择次日到账免费,具体收费标准如图 5-101 所示。

	单笔金额
当日到账费率	0-10 万元(含 10 万元):0.2%(最低 2 元,最高 25 元) 10 万元-500 万元(不含 10 万元):0.025%(无上、下限)
次日到账费率	0 元(无上、下限)
限额	单笔:500 万元 当日:500 万元

图 5-101 支付宝提现手续费标准

企业支付宝提现流程。第一步,电脑端登录 b.alipay.com 支付宝首页点击"提现",手机端不支持。如图 5-102、图 5-103 所示。

图 5-102　电脑端提现页面

第二步,选择收款账户,若之前已绑定企业对公银行账户,选择对应银行操作即可;若没有绑定对公账户的点击"导入银行账户"进入银行账户管理添加银行账户。

图 5-103　添加银行账户

提示:需添加与企业支付宝账户实名认证名称一致的对公银行账户,如图 5-104 所示。

图 5-104　填写添加银行账户信息页面

绑定卡成功后,返回提现(转账页面)按如下页面填写,如图 5-105 所示。

图 5-105　提现页面

提示:提现页面会展示"银行提现到账时间""服务费收费标准"。最后,可在"b.alipay.com——提现——转账记录"中查看提现记录。

(4)企业支付宝账户注销。企业可选择自助提交销户申请,然后等待实时审核结果,审核结果会优先通过邮件给账户邮箱通知。如需人工客服帮助提交注销企业账户,建议提交后72小时关注注销结果。

二　企业微信账户结算业务

(一)企业微信支付结算账户的特点

(1)支付灵活便捷,交易时间短,交易手续费低,资金实时到账。

(2)企业客户系统订单接入,提供对企业订单数据的管理功能。

(3)企业微信可实现各项功能,如随时随地打卡签到、培训学习、工作汇报、视频会议、快捷的任务分配、缩短项目审批时间、文件管理等。企业根据所需进行自主性选择使用,有效地帮助企业实现高效的沟通与管理。

(二)企业微信账户操作流程

该业务需要在微信窗口开通企业微信账户才能进行相应操作,操作流程如下。

1.企业微信的注册流程

以企业微信认证手机端申请流程(企业法人类型)为例,介绍企业微信结算账户的注册流程。开通企业支付宝账户分为七个步骤,只有全部完成,账户才能正常使用。

第一步,登录手机端"企业微信——工作台——管理企业——企业信息——进行验证——通过提交资料验证——企业微信认证——填写认证资料"(主体类型:企业)。如图5-106、图5-107所示。

图 5-106　注册流程页面(1)

图 5-107　注册流程页面(2)

第二步,企业资质信息确认。①确认名称。企业微信名称可以选择两种命名方式:基于公司简称或机构简称命名、基于商标命名。②上传营业执照。③填写对公账户信息。如图 5-108、图 5-109 所示。

图 5-108　企业资质信息上传页面

图 5-109　企业对公账户信息上传页面

第三步,上传认证申请公函。①完善申请人信息;②上传认证申请公函。如图 5-110 所示。

图 5-110　认证申请公函页面

第四步,企业微信使用人数确认。填写使用人数,1000 人以上需要提供使用人数证明,操作页面如图 1-111 所示。

图 5-111　企业微信使用人数确认页面

第五步,发票类型选择,操作如图 5-112 所示。

图 5-112　选择发票类型页面

第六步,勾选《企业微信认证服务协议》后提交资料并支付 300 元认证服务费,操作页面如图 5-113 所示。

图 5-113　勾选《企业微信认证服务协议》并支付认证服务费页面

第七步,认证审核。微信服务端收到打款后,会及时将该账号认证申请派发给第三方审核公司进行审核。收到打款后会在电脑端"企业微信认证—查看订单—认证记录"通知对应审核公司名称及联系方式;审核过程中若有问题,审核公司会主动联系运营者。

2. 企业微信账户常用功能

(1)通过企业微信账户可以办理收付款结算业务,下面分别介绍收款和付款功能。

首先介绍收款功能。开通对外收款功能前,需要申请微信支付商户号,如果之前未申请过,可前往 pay.weixin.qq.com 申请。开通对外收款功能时,需要登记微信支付商户号以及商户号的主体名称,可在手机端和管理后台开通,操作如图 5-114 所示。

01. 企业登记微信支付商户号　　02. 商户号管理员授权

图 5-114　开通对外收款功能页面

收款有两种方式,即"在聊天中收款"和"用收款码收款"。

第一种,在聊天中收款。在聊天中,可在聊天工具栏和附件栏找到"对外收款"入口,点击后可向当前聊天中的微信用户发起收款。微信用户将在聊天中收到付款卡片,点击进入付款,如图 5-115 所示。

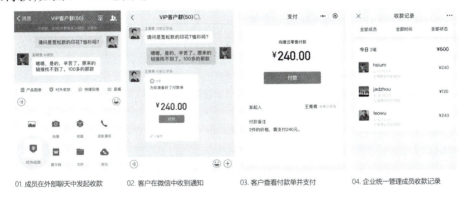

01. 成员在外部聊天中发起收款　　02. 客户在微信中收到通知　　03. 客户查看付款单并支付　　04. 企业统一管理成员收款记录

图 5-115　在聊天中收款页面

第二种,用收款码收款。在"工作台——对外收款——我的收款——收款码"中,可以将收款码保存下来,出示给微信用户扫描,微信用户扫描后可进行付款,如图 5-116 所示。

图 5－116　用收款码收款页面

当微信用户支付成功后,在聊天中会收到系统控制消息提醒,同时也会收到"对外收款"应用消息通知,如图 5－117 所示。

图 5－117　收款通知页面

具体可以在"工作台——对外收款"中查看企业当日收款卡片以及企业历史收款明细,进入后可以按成员、时间、状态进行条件筛选查看,如图 5－118 所示。

图 5－118　查看收款记录页面

收款后,如果客户需要退款,员工可以针对当前订单进行退款,同时管理员和有权限的应用负责人,可以针对其他员工的收款记录进行退款。退款默认原路退回至客户的支付账户,退款时间一般2小时内完成,如图5-119所示。

图5-119　退款页面

可以在手机端和管理后台设置使用范围和管理权限。手机端:"工作台——对外收款——右上角三个点"进行设置,如图5-120所示。

图5-120　对外收款权限设置页面

其次介绍付款功能。开通企业微信支付功能,拥有微信支付商户号后可通过微信公众平台或微信开放平台申请。绑定商户号。登录"企业微信治理端——企业应用——企业支付",申请开通,绑定已有商户号,如图5-121、图5-122所示。

149

图 5-121　企业支付开通页面

图 5-122　绑定商户号页面

登录"微信支付商户平台",确认开通,如图 5-123、图 5-124 所示。

图 5-123　登录"微信支付商户平台"页面

图 5-124 开通对外付款权限设置页面

登录"企业微信治理端——企业应用——企业支付",刷新企业支付状态,如图 5-125、图 5-126 所示。

图 5-125 开通企业支付页面

图 5-126 开通企业支付完成页面

提示:绑定已有商户号功能需要企业微信和商户号主体一致。

(2)企业微信账单查询。员工收款提交后,管理员可在微信支付商户平台"产品中心——企业微信——收款查询",在收款记录中找到对应项目,进行查看或导出 Excel 操作。出纳根据微信账单进行相应账务处理。

（3）企业微信账户提现。开通此功能需提前申请微信支付商户号，收到的钱会进入到企业的微信支付商户号中，可使用商户号登录 pay.weixin.qq.com 进行资金管理，资金可提取至企业对公银行卡或者个体户的法人银行账户。企业可以根据实际场景需要，如多个门店、多个分公司，指定部门和成员收款到不同的商户号中。收款账户添加无上限，管理员可以在"工作台——对外收款——右上角三个点——收款账户"中添加，或者登录管理后台添加，如图 5-127 所示。

图 5-127　添加提现账户页面

（4）企业微信账户注销。主动退出微信账户的企业可以在手机端点击"我——设置——切换身份——右上角——退出企业"，选择对应的企业进行退出。需注意，主动退出企业后，30 天内若管理员未在通讯录进行邀请加入或已经邀请，成员未重新登录到对应的企业，30 天后账号会被系统自动删除，删除的账号对应的所有记录信息将无法恢复，如图 5-128 所示。

图 5-128　退出企业微信页面

删除企业微信账号，可以联系管理员在管理后台点击"通讯录"找到需要删除的成员，勾选后，点击删除，如图 5-129 所示。

图 5-129　删除操作页面

第十二节 银行存款的清查

一 银行存款的清查内容和方法

银行存款的清查不是采用实地盘点法,而是使用对账单法。

银行存款清查的对账单法,是指企业将其银行存款日记账与开户银行转来的对账单进行逐笔核对,查明有无未达账项及其具体情况的财产清查方法。企业在采用对账单法对银行存款清查之前,应先检查本企业银行存款记录的完整性和余额,然后将银行送来的对账单上所记录的银行存款收付记录与本企业银行存款日记账中所登记的收付记录逐笔核对,查明银行存款的实有数额。

二 银行存款日记账与银行对账单的核对

银行存款日记账应定期与银行对账单核对,至少每月核对一次。实际工作中,企业的银行存款日记账余额与对账单的余额往往不一致,这可能是由两个原因导致:一是企业与其开户银行双方或其中一方记账有误;二是存在未达账项。

(一)未达账项

所谓未达账项,是指企业与银行之间对于同一项业务,由于取得凭证的时间不同,而发生的一方已经取得凭证并已登记入账,而另一方由于没有取得凭证而尚未入账的款项。

未达账项一般有四种情形:①银行已经收款入账,而企业尚未收到银行的收账通知,因而尚未入账的款项,如外地某单位给本单位汇来的款项,银行收到汇款后,马上登记企业银行存款的增加,而此时企业尚未收到汇款凭证,未记银行存款的增加,如果此时对账,形成了"银行已收、企业未收"的未达账项。②银行已经付款入账,而企业尚未收到银行的付款通知因而未付款入账的款项,如借款利息的扣付、已托收无承付等,从而形成"银行已付,企业未付"的未达账项。③企业已经收款入账,而银行尚未办理完转账手续因而未收款入账的款项,如收到外单位的转账支票尚未到银行办理转账等,由此形成"企业已收,银行未收"。④企业已经付款入账,而银行尚未办理完转账手续,因而未入账的款项,如企业已开出支票而持票人尚未向银行提现或转账等,形成"企业已付,银行未付"。

出现第①种和第④种情况时,会使开户单位银行存款账面余额小于银行对账单的存款余额；出现第②种和第③种情况时，会使开户单位银行存款账面余额大于银行对账单的存款余额。无论出现哪种情况，都会使开户单位存款余额与银行对账单存款余额不一致。对此，必须编制银行存款余额调节表进行调节。

(二)银行存款余额调节表的编制

在与银行对账时，应首先查明有无未达账项，如果有未达账项就应该采取编制银行存款余额调节表的方式，对企业和开户银行双方的银行存款账面余额进行调整，以消除未达账项对企业银行存款日记账账面余额和银行对账单余额的影响。银行存款余额调节表是为了核对企业与其开户银行双方记录的企业银行存款账面余额而编制的，列示双方未达账项的一种表格，其格式如图 5-130 所示。

银行存款余额调节表

项目	金额	项目	金额
企业银行存款日记账余额		银行对账单余额	
加：银行已收、企业未收款		加：企业已收、银行未收款	
减：银行已付、企业未付款		减：企业已付、银行未付款	
调节后的存款余额		调节后的存款余额	

图 5-130 银行存款余额调节表

注意：企业不应该也不需要根据调节后的余额调整银行存款日记账的余额，银行存款余额调节表不能作为记账的原始依据。对于银行已经入账而企业尚未入账的未达账项，企业应在收到有关结算凭证后再进行相关账务处理。

第六章 出纳岗位日常业务实训

（说明：以下资料中所涉及的公司名称、账号及其他信息均为方便模拟业务而虚构的，现实中若有雷同纯属巧合。）

一 实训基本资料

（一）公司基本资料

公司基本资料说明，如表 6-1 所示。

表 6-1 公司基本资料

企业全称	广州锐制阀门制造有限公司			
公司地址	广州市天河区龙口中路 150 号			
统一社会信用代码	910072553407661000			
联系电话	020-66291116			
开户银行	中国农业银行广州市龙口路支行			
开户行账号	16050501040002541			
法定代表人	李凯			
销售经理	司莹			
采购经理	候珂			
财务经理	何欣			
会计主管	王莉			
出纳员	张军	身份证号	440116198901126548	发证机关	广州市公安局

6.1 出纳岗位日常业务实训（回复 cn0601 获取课程解析）

（二）预留银行印鉴

公司预留银行印鉴，如图 6-1 所示。

图 6-1

二 出纳岗位任职条件与岗位职责

（一）出纳岗位任职条件

（1）大专以上学历，财务、会计等相关专业。
（2）具备出纳必要的专业知识和专业技能。
（3）具有强烈的安全意识。
（4）具有良好的职业道德。
（5）具有法律意识。
（6）遵守亲属回避原则。

（二）出纳岗位职责与权限

（1）严格执行库存现金管理制度和银行结算制度。
（2）办理库存现金收支、银行业务、其他货币资金结算和清算业务等。
（3）负责登记库存现金、银行存款日记账，并编制日报表。
（4）负责保管有关票证、印章和其他贵重物品。
（5）维护财经纪律，执行财务会计制度，抵制不合法的收支。

（三）出纳岗位工作制度

（1）出纳人员应清点每天库存金额，不得超过银行核定的限额，超出的部分应及时送缴银行；不准违反库存现金管理规定，如"坐支"、白条抵顶现金、签发空头支票等。
（2）根据稽核人员审核签章的收、付款凭证进行复核，办理款项收付；银行结算，规范使用支票，严格控制签发空白支票；复核收入凭证，办理销售结算；办理往来结算，建立清算制度。
（3）及时登账，保证日清月结；每日业务终了要及时结出余额，并核实库存，做到账实相符；定期核对现金日记账，保证现金日记账与总账一致，做到账账相符；定期将银行存款账面余额与银行对账单进行核对，加强内控管理制度。
（4）妥善保管库存现金及各种有价证券，确保安全；保管有关印章，登记注销支票；上级部门以及财政、税务、审计等部门到单位了解情况、检查工作时，要如实提供资料。
（5）出纳人员对于违法的收支应当制止和纠正；制止和纠正无效的，应及时汇报给单位相关负责人。出纳人员对违法的收支不予制止和纠正,也不向单位相关负责人汇报的,应承担相应的责任。

三 实训模块(实训中的票据图片单独编号)

说明:以下银行业务中涉及手续费的暂不考虑。

【业务1】现金收款:收到退还多余差旅费

2019年05月01日,业务员罗林退回多余的预借差旅费(现金500元)。

本业务涉及单据:收款收据如图1-1所示(本单据一式三联,此处只展示一联)。

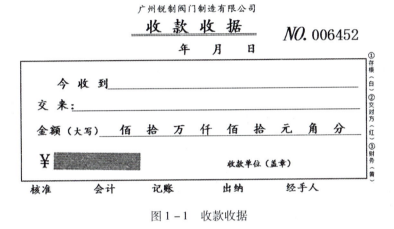

图1-1 收款收据

【业务2】现金收款:收到归还现金借款

2019年05月01日,员工李楠归还现金借款100元。

本业务涉及单据:收款收据,如图2-1所示(本单据一式三联,此处只展示一联)。

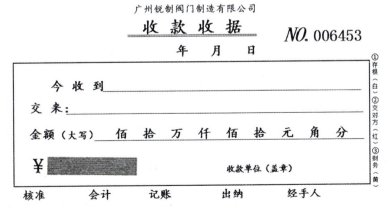

图2-1 收款收据

【业务3】现金付款：报销广告费

2019年05月01日，销售部王芳报销广告费900元，出纳以现金支付。

本业务涉及单据：需出纳员张军签字盖章的费用报销单（图3-1）和外来单据增值税普通发票（图3-2）。

图3-1 费用报销单

图3-2 增值税普通发票

【业务4】现金付款：业务员借款用于支付设备押金

2019年05月01日，公司销售部业务员刘宾领取设备押金1 000元，出纳张军以现金支付。

本业务涉及单据：已批准的借款单，如图4-1所示。

借 款 单				
日期：2019年05月01日				
所属部门	销售部	借款人	刘宾	财务入账联
借款理由	设备押金			
借款金额（大写）	壹仟元整		¥ 1000.00	
公司领导审批意见	李凯同意	财务部门审批意见	何欣同意	部门经理审批意见	司莹同意

财务主管 何欣　　　会计 王莉　　　出纳　　　部门主管 司莹

图4-1　借款单

【业务5】取现业务：提取备用金

2019年05月01日，出纳张军提取备用金5 000元。

本业务涉及单据：现金支票使用登记簿（图5-1）及现金支票（图5-2、图5-3）。

现金支票使用登记簿

日期	购入支票号码	使用支票号码	领用人	金额	用途	备注

图5-1　现金支票使用登记簿

图5-2　现金支票

图5-3　现金支票背面

【业务6】存现业务:现金收款存入银行

2019 年 05 月 01 日,出纳员张军将零星销售款 702 元存入银行。其中,100 元面值 6 张、50 元面值 2 张、1 元面值 2 张。

本业务涉及的单据为现金交款单,如图 6－1 所示。

中国农业银行 AGRICULTURAL BANK OF CHINA

现金交款单

客户填写	收款人户名								
	收款人账号				收款人开户行				
	缴 款 人				款项来源				
	币种（√）	人民币≤					亿千百十万千百十元角分		
		外币≤							
	币别	100元	50元	20元	10元	5元	2元	1元	辅币（金额）

制票　　复核

第一联银行记账凭证

图 6－1　现金交款单

【业务7】员工借款:采购人员出差预借差旅费

2019 年 05 月 01 日,采购部张志出差预借差旅费 3 000 元,现金支付。

本业务涉及单据为已批准的借款单,如图 7－1 所示。

借　款　单

日期：2019年05月01日

所属部门	采购部		借款人	张志	
借款理由	出差				
借款金额（大写）	叁仟元整			¥ 3000.00	
公司领导审批意见	李凯 同意	财务部门审批意见	何欣 同意	部门经理审批意见	侯珂 同意

财务主管 何欣　　会计王莉　　出纳　　部门主管 侯珂

图 7－1　借款单

【业务8】费用报销:业务员报销业务招待费

2019年05月01日,销售部王强报销业务招待费1 200元,以现金支付。

本业务涉及单据:外来单据增值税普通发票(图8-1)和已批准的费用报销单(图8-2)。

图8-1 增值税普通发票

图8-2 费用报销单

【业务9】费用报销:出纳购买凭证打印纸

2019年05月01日,出纳员张军外出购买凭证打印纸468元,并取得发票。

本业务涉及单据:外来的增值税专用发票(图9-1)和空白费用报销单(图9-2)。

图9-1 增值税专用发票

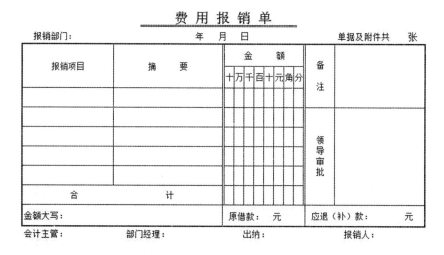

图9-2 费用报销单

【业务10】转账支票业务：支付材料款

2019年05月01日，出纳员张军开具转账支票给广州圣德金属有限公司，支付材料款567 000元。

本业务涉及单据：转账支票使用登记簿（图10-1）、转账支票（图10-2）及已经批准的付款申请单（图10-3）。

转账支票使用登记簿

日期	购入支票号码	使用支票号码	领用人	金额	用途	备注

图 10-1　转账支票使用登记簿

图 10-2　转账支票

图 10-3　付款申请单

【业务 11】收款业务:收到客户转账支票一张去银行办理进账

收到客户广州隆安机械有限公司签发的金额为 10 000 元的转账支票(图 11-1),日期 2019 年 05 月 01 日。

本业务涉及单据:客户交付的转账支票(图11-1、图11-2);农业银行进账单(图11-3)。

图11-1 转账支票

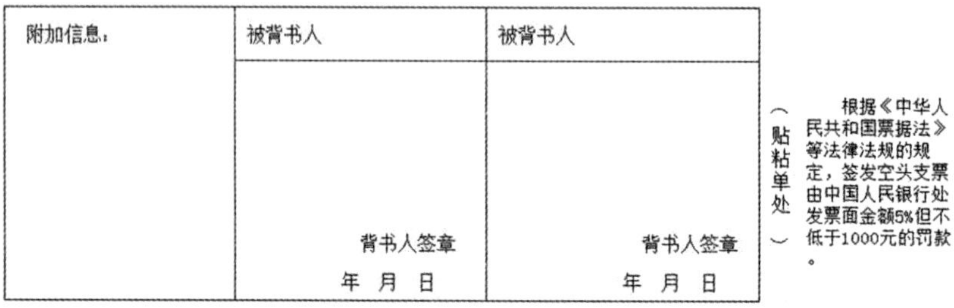

图11-2 转账支票背面

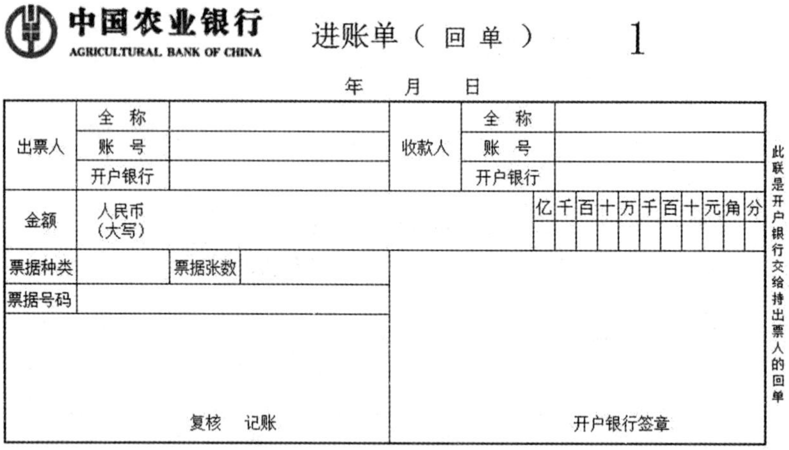

图11-3 进账单

【业务12】银行付款:以银行汇票支付前欠的购料款

2019年05月01日,公司采用银行汇票结算方式支付前欠河南铝业有限公司的购料款,申请金额为365 000元。

本业务涉及单据:银行汇票(图12-1、图12-2,此处只展示办理好的第二联和第三联)、付款申请单(12-3)及银行结算业务申请书(图12-4)。

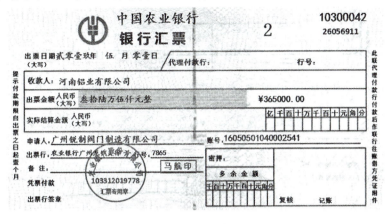

图12-1 银行汇票第二联

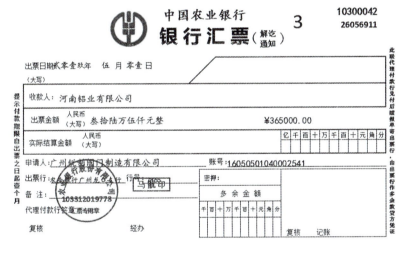

图12-2 银行汇票第三联

图12-3 付款申请单

中国农业银行 AGRICULTURAL BANK OF CHINA 结算业务申请书 Application for settlement of business XVII 0478645578

申请日期：　年　月　日

客户填写 For Customers use

业务类型 Type：□电汇T/T □信汇M/T □汇票P/N □本票P/N □其他Others　汇款方式 Type of Remittance：□普通 Ordinary □加急 Urgent

申请人 Applicant：全称 Full Name；账号或地址 A/C NO OR address；开户行名称 Account Bank Name

收款人 Payee：全称 Full Name；账号或地址 A/C NO OR address；开户行名称 Account Bank Name

金额（大写）人民币 Amount (in words) RMB　亿 千 百 十 万 千 百 十 元 角 分

上列款项及相关费用请从我账户内支付 Please pay the above amount and related expenses from my account

申请人印章 Applicant's seal

支付密码 SC

附加信息及用途：Message and Purpose

银行打印 For Bankuse

会计主管：　复核：　记账：

第三联 回单联

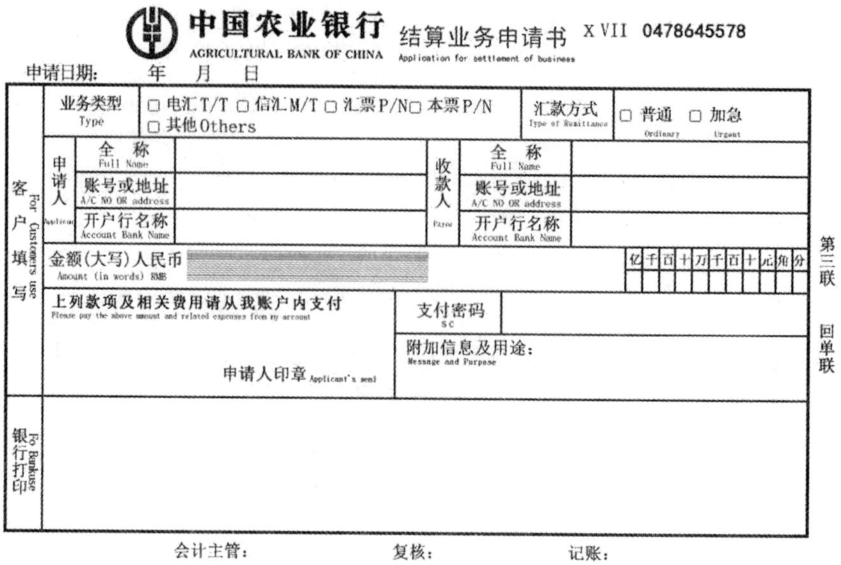

图 12－4　结算业务申请书

【业务 13】银行收款：收到银行汇票办理进账

2019 年 05 月 01 日，公司在 2019 年 4 月销售蝶阀一批给山西红利配件有限公司，开具增值税专用发票，价税合计为 54 240 元，收到对方开出的银行汇票一张并办理进账。

本业务涉及单据：收到的银行汇票（图 13－1、图 13－2，此处只展示第三联）；办理进账时要填写的进账单（图 13－3）。

中国农业银行 银行汇票（解讫通知） 3　10300042 12538163

出票日期（大写）贰零壹玖年 伍 月 零壹 日

收款人：广州锐制阀门制造有限公司

出票金额 人民币（大写）伍万肆仟贰佰肆拾元整　¥54240.00

实际结算金额 人民币（大写）伍万肆仟贰佰肆拾元整　¥ 5 4 2 4 0 0 0

申请人：山西红利配件有限公司　账号：1605050104000３160

出票行：农业银行运城市支行　行号：5340

备注：

代理付款行签章　复核　经办

密押：5411235789123456

多余金额

复核　记账

提示付款期限自出票之日起壹个月

此联代理付款行兑付后随报单寄出票行，由出票行作多余款贷方凭证

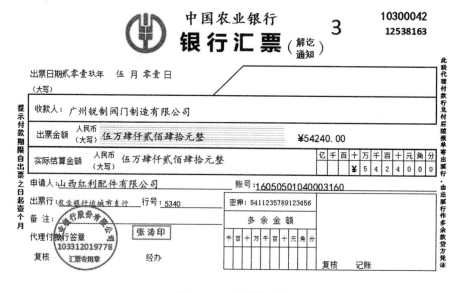

图 13－1　银行汇票

图 13－2　银行汇票背面

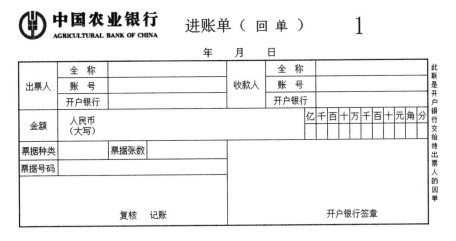

图 13－3　进账单

【业务 14】背书转让：将收到的银行汇票背书转让

2019 年 05 月 04 日，将 05 月 04 日收到的山西红利配件有限公司的银行汇票背书转让给广州圣德金属有限公司。

本业务涉及单据：收到的银行汇票（图 14－1，因背书是在银行汇票的背面签字盖章，故我们此处只显示背面）。

图 14－1　银行汇票背面

167

【业务 15】银行付款:签发银行本票用于支付购货款

2019 年 05 月 05 日,根据采购部门的付款申请,出纳向开户银行申请办理银行本票 200 000 元,用于支付广州汉江铝业有限公司购货款。

本业务涉及单据:付款申请单(图 15 - 1)、银行结算业务申请书(图 15 - 2)、办理好的银行本票(图 15 - 3)。

图 15 - 1 付款申请单

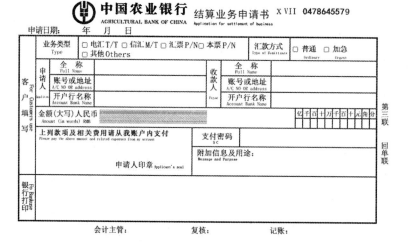

图 15 - 2 结算业务申请书

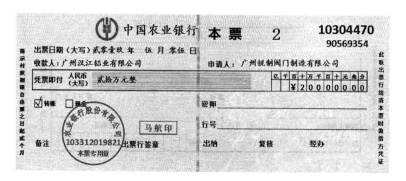

图 15 - 3 银行本票

【业务16】银行收款:收到银行本票办理进账

2019年05月06日,公司销售蝶阀一批给广州金星配件有限公司,开具增值税专用发票,价税合计为54 240元,收到对方开出的银行本票一张并办理进账。

本业务涉及单据:收到的银行本票(图16－1、图16－2)、银行进账单(图16－3)。

中国农业银行 本票 2 10304470 90569358

提示付款期限自出票之日起贰个月

出票日期(大写)贰零壹玖年 伍月 零壹日

收款人:广州锐制阀门制造有限公司

申请人:广州金星配件有限公司

凭票即付	人民币(大写)	伍万肆仟贰佰肆拾元整	亿	千	百	十	万	千	百	十	元	角	分
						¥	5	4	2	4	0	0	0

☑转账 □现金

密押

行号

备注 出票行签章 (农业银行股份有限公司 103312019778 本票专用章)(孙勇印)

出纳 复核 经办

此联出票行结清本票时作借方凭证

图16－1 银行本票

被背书人	被背书人	
背书人签章 年 月 日	背书人签章 年 月 日	(贴粘单处)
持票人向银行 提示付款签章:	身份证件名称: 发证机关: 号码	

图16－2 银行本票背面

中国农业银行 AGRICULTURAL BANK OF CHINA 进账单(回单) 1

年 月 日

出票人	全称		收款人	全称	
	账号			账号	
	开户银行			开户银行	
金额	人民币(大写)			亿千百十万千百十元角分	
票据种类		票据张数			
票据号码					
复核 记账			开户银行签章		

此联是开户银行交给持出票人的回单

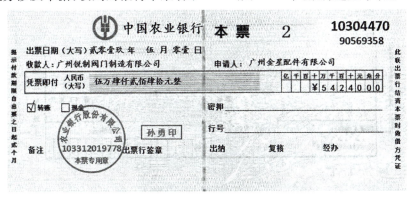

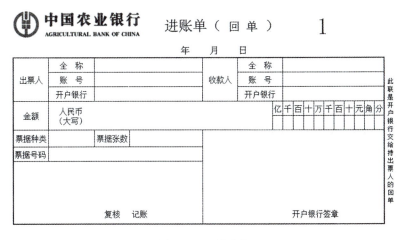

图16－3 进账单

【业务17】银行付款：签发银行承兑汇票支付设备款

2019年05月08日,购入广州金星机床设备有限公司设备一台,设备款共计226 000元,用银行承兑汇票结算,出纳根据已批准的付款申请单到银行申请开具银行承兑汇票。

本业务涉及单据:已批准的付款申请单(图17-1)、转账支票(图17-2)、银行进账单(图17-3)、银行承兑汇票(图17-4、图17-5)。

图17-1 付款申请单

图17-2 转账支票

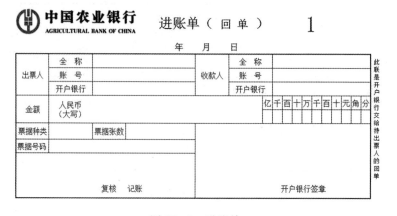

图17-3 进账单

中国农业银行 AGRICULTURAL BANK OF CHINA

银行承兑汇票（卡片） 1

出票日期 贰零壹玖年 伍 月零捌 日

出票人全称	广州锐制阀门制造有限公司	收款人	全　称	广州金星机床设备有限公司
出票人账号	16-050501040002541		账　号	16-050501040005553
付款行全称	农业银行广州市龙口路支行		开户银行	农业银行广州市紫辰路支行
出票金额	人民币（大写） 捌万肆仟贰佰肆拾元整		亿千百十万千百十元角分	¥ 2 3 4 0 0 0 0 0
汇票到期日（大写）	贰零壹玖年壹拾壹月零捌日	付款行	行　号	247895
承兑协议编号	456223		地　址	农业银行广州市龙口路支行
本汇票请你行承兑，此项汇票款我单位按承兑协议于到期前足额交存你行，到期请予支付。（广州锐制阀门制造有限公司 财务专用章）（李凯 印） 出票人签章	备注：		复核：	经办：

此联承兑行留存备查到期支付票款时作借方凭证附件

图 17－4　银行承兑汇票（卡片联）

银行承兑汇票 2 30106053 20498001

出票日期（大写） 贰零壹玖年 伍 月零捌日 日

出票人全称	广州锐制阀门制造有限公司	收款人	全　称	广州金星机床设备有限公司
出票人账号	16-050501040002541		账　号	16-050501040005553
付款行全称	农业银行广州市龙口路支行		开户银行	农业银行广州市紫辰路支行
出票金额	人民币（大写） 贰拾贰万陆仟元整		亿千百十万千百十元角分	¥ 2 2 6 0 0 0 0 0
汇票到期日（大写）	贰零壹玖年壹拾壹月零捌日	付款行	行号	110053256
承兑协议编号	456223		地址	农业银行广州市龙口路支行
本汇票请你行承兑，到期无条件付款。（广州锐制阀门制造有限公司 财务专用章）（李凯 印） 出票人签章	本汇票已经承兑，到期日由本行付款。（31439002434）（马 印）承兑行签章 承兑日期 年 月 日 备注：		密押 复核	记账

收款人开户行随委托收款凭证寄付款行作借方凭证的附件

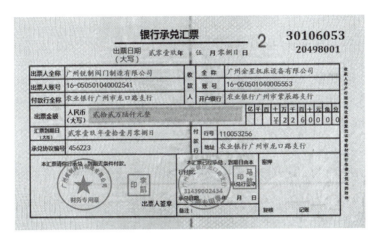

图 17－5　银行承兑汇票

【业务 18】银行收款：收到的银行承兑汇票到期办理托收

2019 年 05 月 16 日，出纳把到期的银行承兑汇票（出票单位：河南金星机床设备有限公司，金额：100 000 元）拿到银行办理托收。

本业务涉及单据：收到的银行承兑汇票（图 18－1，此业务出纳只需在承兑汇票背面盖银行印鉴章，故只展示背面）、要填写的托收凭证（图 18－2）。

被背书人	被背书人
背书人签章 年　月　日	背书人签章 年　月　日

（贴粘单处）

图 18－1　银行承兑汇票背面

中国农业银行
AGRICULTURAL BANK OF CHINA

托 收 凭 证 2

委托日期贰零壹玖年 伍 月贰拾陆日

业务类型 委托收款（□邮划 ☑电划） 托收承付（□邮划 □电划）

付款人	全 称	河南金星机床设备有限公司	收款人	全 称	广州锐制阀门制造有限公司
	账 号	16-050501040005553		账 号	16-050501040002541
	地 址	农业银行新郑市文昌路支行		地 址	农业银行广州市龙口路支行
金额	人民币（大写）	壹拾万元整		亿千百十万千百十元角分	¥10000000
款项内容		托收凭证名称	银行承兑汇票	附寄单据张数	1
商品发运情况				合同名称号码	
备注： 年 月 日	款项受托日期 收款人开户银行签章 农业银行广州市龙口路支行 2019-05-16 业务受理章 年 月 日			复核 记账	

此联做收款人开户银行给收款人的受理回单

图 18－2 托收凭证

【业务19】付款业务:以商业承兑汇票付款

2019 年 05 月 21 日,公司购买安阳中华机械有限公司蝶阀一批,价款 74 548.67 元,增值税9 691.33元,价税合计金额为 84 240 元。收到增值税专用发票,购销合同号码:5417,双方约定采用商业承兑汇票结算,期限 6 个月,由付款方签发,当日开给安阳中华机械有限公司商业承兑汇票一份。

本业务涉及单据:已经批准的付款申请单(图 19－1)、要填写的商业承兑汇票(图 19－2)。

(注意:商业承兑汇票的签发和兑付的过程与银行承兑汇票的签发和兑付存在差别。)

广州锐制阀门制造有限公司

付 款 申 请 单

日期：2019 年 05 月 21 日　　字 号

收 款 单 位	安阳中华机械有限公司			付 款 原 因
账 号	16050501040001468			支付货款
开 户 银 行	农业银行安阳市临安路支行			
金额（大写）	捌万肆仟贰佰肆拾元整			
附件 张		小 写	¥84,240.00	
审批	同意 李凯	财务	同意 何欣	

会计主管：何欣　　出纳：　　申请人：侯珂

图 19－1 付款申请单

商业承兑汇票　　2　　00100082 21419741

出票日期（大写）　　年　　月　　日

付款人	全　称		收款人	全　称	
	账　号			账　号	
	开户银行			开户银行	
出票金额	人民币（大写）				亿 千 百 十 万 千 百 十 元 角 分
汇票到期日（大写）			付款人开户行	行号	
交易合同号码				地址	
本汇票已经承兑，到期无条件付票款。 承兑人签章 年 月 日			本汇票请予以承兑到期日付款。 出票人签章		

此联持票人开户行随托收凭证寄付款人开户行作借方凭证附件

图 19－2　商业承兑汇票

【业务 20】付款业务：以电汇方式向供应商付款

2019 年 05 月 23 日，出纳查询银行存款余额足够后，根据付款申请单以电汇方式向供应商付款 12 800 元。

本业务涉及单据：已经批准的付款申请单（图 20－1）、银行业务结算申请书（图 20－2）。

广州锐制阀门制造有限公司

付　款　申　请　单

日期：2019 年 05 月 23 日　　字　号

收款单位	广州隆安机械有限公司			付款原因
账　号	16050501040006771			支付货款
开户银行	农业银行广州市民主路支行			
金额（大写）	壹万贰仟捌佰元整			
附件　张		小　写	¥12,800.00	
审批	同意 李凯	财务	同意 何欣	

会计主管：何欣　　出纳：　　申请人：侯珂

图 20－1　付款申请单

中国农业银行 AGRICULTURAL BANK OF CHINA　结算业务申请书 Application for settlement of business　X VII　0478645590

申请日期：　　年　　月　　日

客户填写 For Customers use	业务类型 Type	□电汇 T/T □信汇 M/T □汇票 P/N □本票 P/N □其他 Others			汇款方式 Type of Remittance	□普通 Ordinary □加急 Urgent
	申请人 Applicant	全　称 Full Name		收款人 Payee	全　称 Full Name	
		账号或地址 A/C NO OR address			账号或地址 A/C NO OR address	
		开户行名称 Account Bank Name			开户行名称 Account Bank Name	
	金额（大写）人民币 Amount (in words) RMB					亿 千 百 十 万 千 百 十 元 角 分
	上列款项及相关费用请从我账户内支付 Please pay the above amount and related expenses from my account 申请人印章 Applicant's seal			支付密码 SC		
				附加信息及用途：Message and Purpose		
银行打印 For Bankuse						

第三联　回单联

会计主管：　　复核：　　记账：

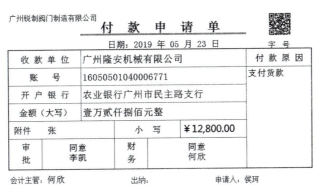

图 20－2　业务结算申请书

【业务21】账簿登记：出纳逐日逐笔登记本月现金日记账

05月01日，出纳逐日逐笔登记本月现金日记账并进行月结（本行余额＝上一行余额＋本行借方发生额－本行贷方发生额，比如：第二行＝4 350＋500－0＝4 850，本月合计余额＝期初余额＋本月合计借方发生额－本月合计贷方发生额）。本业务涉及出纳填制的账页，如图21－1所示。

现 金 日 记 账　　　　**20**

年		凭证		摘要	对应科目	借方	√	贷方	√	借或贷	余额	√
月	日	字	号			亿千百十万千百十元角分		亿千百十万千百十元角分			亿千百十万千百十元角分	

图21－1　现金日记账

本月期初余额及发生额如下：

期初余额：4 350元。

本期发生额：

（1）2019年05月01日，业务员罗林退回多余的预借差旅费（现金500元）。

（2）2019年05月01日，员工李楠归还现金借款1 000元。

（3）2019年05月01日，销售部王芳报销广告费900元，以现金支付。

（4）2019年05月01日，公司销售部业务员刘宾领取设备押金1 000元，以现金支付。

（5）2019年05月01日，提取备用金5 000元。

（6）2019年05月01日，出纳将零星销售款702元存入银行。

（7）2019年05月01日，采购部张志出差预借差旅费3 000元，以现金支付。

（8）2019年05月01日，销售部王强报销业务招待费1 200元，以现金支付。

（9）2019年05月01日，出纳员张军外出购买凭证打印纸468元，并取得发票。

【业务22】账簿登记：出纳逐日逐笔登记本月银行存款日记账

05月31日，出纳逐日逐笔登记本月银行存款日记账，并进行月结（本行余额＝上一

行余额 + 本行借方发生额 − 本行贷方发生额，比如：第二行 = 1 500 000 + 0 − 5 000 = 1 495 000，本月合计余额 = 期初余额 + 本月合计借方发生额 − 本月合计贷方发生额）。本业务涉及出纳填制的账页，如图22 − 1所示。

银行存款日记账　　10

年		凭证		摘要	对应科目	借方											√	贷方											√	借或贷	余额											√
月	日	字	号			亿	千	百	十	万	千	百	十	元	角	分		亿	千	百	十	万	千	百	十	元	角	分			亿	千	百	十	万	千	百	十	元	角	分	

图22 − 1　银行存款日记账

本月期初余额及发生额如下：

期初余额：1 500 000 元。

本期发生额：

(1)2019 年 05 月 01 日，提取备用金 5 000 元。

(2)2019 年 05 月 01 日，出纳将零星销售款 702 元存入银行。

(3)2019 年 05 月 01 日，出纳开具转账支票给广州圣德金属有限公司，支付材料款 567 000 元。

(4)2019 年 05 月 01 日，收到客户广州隆安机械有限公司签发的金额为 10 000 元的转账支票去银行进账。

(5)2019 年 05 月 01 日，公司采用银行汇票结算方式支付前欠河南铝业有限公司的购料款，申请金额为 365 000 元。

(6)2019 年 05 月 01 日，公司销售蝶阀一批给山西红利配件有限公司，开具增值税专用发票，价税合计 54 240.00 元，收到对方开出的银行汇票一张并办理进账。

(7)2019 年 05 月 05 日，公司向开户银行申请办理银行本票 200 000 元，用于支付广州汉江铝业有限公司购货款。

(8)2019 年 05 月 06 日，公司销售蝶阀一批给广州金星配件有限公司，开具增值税专用发票，价税合计 54 240.00 元，收到对方开出的银行本票一张并办理进账。

(9)2019 年 05 月 08 日购入广州金星机床设备有限公司设备一台，设备款共计

226 000元，用银行承兑汇票结算，出纳到银行申请开具银行承兑汇票。办理银行承兑汇票存入保证金 113 000 元。

(10)2019 年 05 月 16 日，出纳把到期的银行承兑汇票(100 000 元)拿到银行办理托收。

(11)2019 年 05 月 23 日，出纳查询银行存款余额足够后，用电汇方式向供应商付款 12 800 元。

【业务 23】账簿登记：出纳登记本月银行存款保证金账户日记账

05 月 29 日，出纳登记本月银行存款保证金账户日记账，并进行月结。本业务涉及出纳填制的账页，如图 23－1 所示。

本月期初余额及发生额如下：

期初余额：36 500

本期发生额：

2019 年 05 月 08 日购入金星机床设备有限公司设备一台，设备款共计 226 000 元，用银行承兑汇票结算，出纳到银行申请开具银行承兑汇票。办理银行承兑汇票存入保证金 113 000 元，以转账支票支付。

银行存款日记账　　25

年		凭证		摘　　要	对应科目	借　方	√	贷　方	√	借或贷	余额	√
月	日	字	号			亿千百十万千百十元角分		亿千百十万千百十元角分			亿千百十万千百十元角分	

图 23－1　银行存款日记账

【业务 24】现金盘点：月末进行库存现金盘点

05 月 31 日，出纳用实地盘点法盘点库存现金，盘点的结果为：100 元 435 张，50 元 1 张，10 元 3 张。将盘点结果填入现金盘点报告单内并和现金日记账核对。现金盘点报告单，如图 24－1 所示。

现金盘点报告单

清点现金			核对账目		备注
货币面额	张 数	金 额	项 目	金 额	
			现金账面余额		
			加：收入凭证未记账		
			减：付出凭证未记账		
			调整后现金账余额		
			盘盈（+）		
			盘亏（+）		
合　计			折合人民币		

图 24-1　现金盘点报告单

参考文献

主要参考引用的法规

1. 《中华人民共和国票据法》(1995年5月10日第八届全国人民代表大会常务委员会第十三次会议通过,2004年8月28日第十届全国人民代表大会常务委员会第十一次会议修正)
2. 《票据管理实施办法》(1997年6月23日国务院批准,1997年8月21日中国人民银行发布,2011年1月8日国务院令第588号修正)
3. 《支付结算办法》(1997年9月19日中国人民银行发布)
4. 《人民银行结算账户管理办法》(2003年4月10日中国人民银行发布)
5. 《人民银行结算账户管理办法实施细则》(2005年1月19日中国人民银行发布)
6. 《银行卡业务管理办法》(1999年1月5日中国人民银行发布)
7. 《电子商业汇票业务管理办法》(中国人民银行令〔2009〕第2号)

主要参考引用的文献

1. 左卫青,冯素平.出纳实务.2版.北京:人民邮电出版社,2015.
2. 会计中和工作能力培训研究组.零基础学做出纳.北京:中国言实出版社,2015.
3. 出纳训练营.手把手教你做优秀出纳.2版.北京:中国机械工业出版社,2015.
4. 李旭.图解出纳业务.北京:民主与建设出版社,2014.